法布尔

Jean Henri Casimir
Fabre

法布尔

Jean Henri
Casimir Fabre

皮波人物国际名人研究中心 编著

国际文化出版公司

·北京·

图书在版编目（CIP）数据

法布尔/皮波人物国际名人研究中心编著. --北京：国际
文化出版公司，2013.4（2024.2重印）
　　（名人传记丛书）
　　ISBN 978-7-5125-0472-1

　　Ⅰ.①法⋯ Ⅱ.①皮⋯ Ⅲ.①法布尔，J.H.（1823～1915）
—传记 Ⅳ.①K835.656.15

中国版本图书馆CIP数据核字（2012）第312732号

法布尔

作　　者	皮波人物国际名人研究中心　编著	
责任编辑	戴　婕	
统筹监制	葛宏峰　刘　毅　刘露芳	
策划编辑	周　贺	
美术编辑	丁鉷煜	
出版发行	国际文化出版公司	
经　　销	国文润华文化传媒（北京）有限责任公司	
印　　刷	北京一鑫印务有限责任公司	
开　　本	700毫米×1000毫米　　　16开	
	8.5印张　　　　　　　79千字	
版　　次	2013年4月第1版	
	2024年2月第3次印刷	
书　　号	ISBN 978-7-5125-0472-1	
定　　价	32.00元	

国际文化出版公司
北京市朝阳区东土城路乙9号　　　　　邮编：100013
总编室：（010）64270995　　　　传真：（010）64270995
销售热线：（010）64271187
传真：（010）64271187-800
E-mail：icpc@95777.sina.net

目录

目录

献给昆虫的一生

兴趣初现

在爷爷家

让·亨利·卡西米尔·法布尔是法国著名的昆虫学家、动物行为学家、文学家。他被世人称为"昆虫界的荷马"，相传荷马是古希腊两部著名史诗《伊利亚特》和《奥德赛》的作者。

法布尔出生在法国南部阿韦龙省的圣莱翁镇，他是家中的长子，在他五六岁时，因为家庭条件不太好，为了减轻家庭负担，法布尔被送到他的祖父家抚养。

他的祖父住在圣莱翁附近的马拉瓦，那是一个很小很小的村子，坐落在一处高原上，有一片贫瘠的大理石岩山，祖父的屋子孤独地立在岩山旁，附近偶尔还会有狼群出没，那是一个非常寂寞的地方。

在这被人遗忘的偏僻乡下，地势低洼处软软的，上面还经常浮着一层朦胧闪着暗光的水珠。因为土地过于松软，人们一脚踩下去时，常常感觉好像会陷下去一样。不过，这片洼地上长满了茂密的牧草，这些牧草是牛的好饲料，而牛是这里的人们的主要财产。

一到夏天，牧草铺满了山坡，牛羊日夜不停地在啃啮，牧羊人为了防止狼群的侵犯，就在周围竖起临时栅栏，等到这处的草吃完，就撤去栅栏，赶着羊群移往别处。

栅栏的中央通常有一座茅草搭成的牧羊小屋，小屋下面有车轮，可以随时移动。小屋边经常有两只脖子上戴着钢钉项圈的牧羊犬来回巡逻，以防附近森林里的野狼偷袭羊群。

法布尔的祖父家有一间专门饲养家畜的小屋，屋里经常积满了牛粪，厚度几乎深达膝盖，积久发酵后就是很好的肥料。这间小屋里饲养着好几种动物，法布尔小时候时常可以看见这样的景象：刚离开母体的小羊一蹦一蹦地试图站立，鹅在旁边叫个不停，一群鸡刨着地上的泥土专心致志地寻找虫蚁，母猪在一边喂食小猪。

这个地区气候炎热，农业不太发达。春天来临时，农人便在长满金雀儿草的高原上放火烧山，以草木灰作为肥料。靠着这种古老的耕作方式，这些贫瘠的土壤还能够栽种一些燕麦、马铃薯之类的农作物。相对肥沃的土地上，则会种植一些麻类植物，它们成熟后用来纺纱织布，这是包括法布尔的祖母在内的当地妇人的主要工作。

祖父很会饲养牛羊，但对其他事则一窍不通。他是个很严肃的人，法布尔直到长大后还记得祖父不苟言笑的面容。法布尔后来回忆说："他从不修剪头发，长发蓬松地披在肩上，平日懒得整理，偶尔用手指当梳子往后一拢，头上戴一顶三角形帽子，穿一条到膝盖处的短裤，木底靴子的前端塞满了草，走起路来总是发出不太顺耳的声音。"

法布尔的祖母是个虔诚的教徒，经常戴着一顶当地妇女常戴的特别有趣的帽子，那是用一块很大的黑呢绒布做成的圆筒、平直形的帽子，很深，帽顶装饰着约六个金币大小的饰物，两侧有两条黑缎带垂下来，可绕过脸颊系在颔下，使这顶外形优雅但不太稳固的帽子不至于因走动而掉落下来。祖母的生活很单一，她每天考虑的主要是一些家庭琐事，比如如何保存食品、织麻布、挤牛奶、做干酪、洗衣、照顾小孩、准备三餐等。她经常在左边腰带上插一根纺粗麻用的纺织杆，右手拿着另一根杆，时时用茶油润湿右拇指，巧妙地一边转动纺车的轮轴，一边还好像不知疲劳似的注意着其他家事。

法布尔长大后回忆起儿时冬天夜晚与家人们团聚的情景时，对祖母的印象总是特别清晰而鲜明。据他回忆：

每当晚餐时间一到，大人、小孩就在长桌边围成一圈，坐在一条条四脚长短不齐的长凳上。每个人面前都放着一个碗和一把汤匙，桌子的尽端放着一个几乎和马车轮一般大的黑麦面包，用一块刚洗过还带有麻香的干净麻布包着。祖父用他自己专用的刀子，按照每人所需的分量，切下黑麦面包，然后分给大家。每个人将面包撕碎，放进碗里。

接着，轮到祖母了。

火炉上的锅里正烧着热汤，散发出令人吞口水的咸猪肉与芜菁混合的香味。祖母用一把镀锡的勺子把汤舀出来分给大家，一勺汤倒在碗里，刚好能够盖住面包，然后再分给我们几片芜菁和咸猪肉放在面包上。桌子的另一端放着小水缸，口渴时，大家可以自由取用。

那时候，我们大家都很能吃，尤其是当祖母亲手做的白干肉上桌时，总是被我们狼吞虎咽地吃得一干二净。

通常在吃过晚饭之后，祖母都会给孩子们讲故事。这些故事大同小异，但是内容都非常有趣，所以法布尔百听不厌。

祖母最常讲的是狼的故事，每当讲到狼如何凶狠残忍时，孩子们就毛骨悚然地挤成一堆。虽然害怕，但法布尔心里还是很希望有一天能看到真正的狼。不过那时候，为了孩子们的安全着想，他们只能在被允许的范围内玩耍，所以法布尔见到狼的机会几乎为零。

在法布尔的记忆中，祖父家是高原上唯一一户常住人家，除了牧羊人的移动小屋，他们没有固定的邻居。法布尔能够接触到的最多的生命体就是动物和植物，这也许为他日后的伟大研究埋下了契机。

多年以后，法布尔回忆那段幼年时光时，有一件事一直鲜明、清晰地映在他的脑海里，恍如发生在昨日。

那时的法布尔穿着一套粗布缝成的童装，没有鞋子，一双赤脚总是弄得脏兮兮的，腰间用条细绳绑着一方手帕，用来擦拭汗水。但法布尔并不是个细心的孩子，所以他的手帕常常遗失。祖母无奈之下只好让他用袖子代替。

　　有一天，法布尔背着手，仰起头面对太阳，一个念头突然闪进他的脑海。在耀眼的大太阳下，他虽然被晒得头昏脑涨，但却像被明亮的灯光所吸引的飞蛾一般，面对着阳光不断地遐想。他在想，他应该怎样感受阳光，是嘴巴尝一尝呢，还是用眼睛看一看？

　　这是法布尔有生以来的第一个疑问。读者们请不要发笑，当时的法布尔真的面对着太阳开始研究起来。首先，他尽可能地张开嘴，同时闭上眼睛，这时耀眼的阳光消失了；接着，他又张开眼睛，同时把嘴巴闭紧，他看到了阳光。法布尔又重复了一次，结果还是一样。

　　这时候他确定了，他是用眼睛看到阳光的，而不是用嘴巴品尝阳光。当时的法布尔认为这是一项重大的发现。他当天晚上很得意地将这件事告诉大家，结果，孩子们哄堂大笑。在他们看来，这是人所皆知的自然界法则。祖母对法布尔的天真倒是报以温柔的微笑。

　　不久后，他又有了另一项大发现：他注意到每到傍晚时，草丛中就会有一种怪声发出，在万籁俱寂的黄昏，这种声音听起来非常柔美、有韵律，但是他不知道这是什么东西发出的声音，是小鸟在巢中的鸣叫声吗？好奇心强烈的法布尔渴望寻找答案，他立刻展开了行动。

大人们警告法布尔说："傍晚时森林中会出现吃人的狼"，但他还是想勇敢地去揭开这个秘密。

通过观察之后，他

马铃薯花

确定声音来自金雀儿草丛中，而且并不太远。他还发现只要他一发出声音，草丛中的声音就会马上消失。

法布尔连续观察了好几天，终于有一天，他蹲在草丛边，轻轻地拨开金雀儿草，看到了发声的东西，并捉住了它。那不是一只小鸟，而是一只蝗虫。法布尔把它带回去后，大家都说蝗虫可以烤来吃，不过法布尔认为与他长时间好奇等待的乐趣相比，好吃并不能让他兴奋起来。

祖父家有一片菜圃，开满了各色美丽的花朵，这些花每天都盛开着，就像睁着大眼睛对人微笑打招呼似的。花朵谢了之后，会结出许多果实，法布尔最喜欢的是鲜红色的樱桃，不过他似乎只是对那样明艳的颜色感兴趣，因为他并不觉得樱桃有多好吃，令他百思不得其解的是，这到底是哪种樱桃？

每当季节转换时，祖父都会拿出一把大圆锹在菜圃里挖东西，法布尔看到挖出来的东西很像他经常在家中食物袋里看到的球茎物，那是马铃薯。马铃薯的紫红色花朵、大大的卡其色果实在法布尔幼小的心灵中留下了非常鲜明的印象。

就这样，六岁的法布尔经常好奇地睁大眼睛，观察他能看到的各种动物和植物。当白粉蝶停在甘蓝上，或小红蝶停在金雀儿草上时，他一定会好奇地查出植物名和蝴蝶的名字。

父亲的村庄

法布尔七岁时，到了上学年龄，于是回到了父亲所在的村庄。

这个家坐落在丘陵上，有一个小小的庭园，位于全村的最高处，附近只有一座耸立在高地上的古堡比它高，古堡有四座高高的塔顶，那里成了鸟类的栖息所。

从法布尔家到村里必须要经过一条陡直如悬崖的坡道，坡道两侧是村人们的庭园，一一排列而下。

法布尔家的庭园里没有一棵树，就算有棵苹果树也会被灼热的阳光烤焦的。菜圃里种着甘蓝，还有少数的芜菁和莴苣。

在阳光充足的年景，偶尔可以收获到半篮芳香的白葡萄。这是法布尔家最珍贵的奢侈品，邻居们都很羡慕。白葡萄的生长必须要有充足的阳光照射，而法布尔家刚好位于丘陵的最高处，先天条件比较有利。

为防止孩子们从庭园摔落到下面的坡地，法布尔的父母在庭园靠近河谷的那面种了一排醋栗树。每当父母不在家时，法布尔和弟弟就会好奇地伸出上半身，穿过树篱，越过宽大的石墙，观察下面人家的庭园。

那家人家的庭园里有一排黄杨树矮墙，还种了几棵梨树。秋天的时候，满树的梨子黄澄澄的。在法布尔眼中，这庭园有如天堂般吸引人。

庭园中还有很多蜜蜂箱，蜂群在周围飞舞，像一片暗红色的雾。这些蜂箱被放在高大的榛树树荫下，而这高大榛树的枝叶刚好伸到了法布尔家的窗子外，他和弟弟对榛树上的果实很有兴趣。

法布尔曾经顺着一枝横生的枝干一点点地往树干上爬，如果不小心滑下去的话，就正好一头跌进闹哄哄的蜂群，也可能会摔断骨头。好在法布尔很小心，他慢慢地往前挪动。挪到差不多的位置时，法布尔就用一根带钩子的长棍子钩取榛果。摘了满满一口袋榛果之后，法布尔就骑在树干上，慢慢地往后退，最后成功地跳回窗里。这是多么灵巧的特技啊，仅仅为了一小袋榛果，竟勇敢地抓着摇晃的树枝，爬到树上，真是个不知天高地厚的小孩！

村子西面稍微倾斜的陡坡上，有一片果园，种满了李子树和苹果树。陡坡下面有条细细的小河，这条河实在太小了，从河岸的任何地方都可以轻易地跳到对岸，稍微宽阔的地方放有平坦的石块作为桥梁，河水深度仅及膝盖，所以住在这一带的母亲们根本不担心她们的子女会因涉水而发生危险，这是一条清澈宁静的小河。

河水缓缓地流向下游，两岸赤杨树与杉树相对夹生，树梢细枝交错，构成了一条绿色的拱形甬道。树的根部则露出水面，圈成一个个小区域。阴影处是鱼儿们游戏的乐园。阳光透过枝叶间的缝隙，洒在水面上，形成了一圈圈金光闪耀的涟漪。

小河中有一些小鱼，法布尔常常趴在地上，俯视那些腮边有一抹红色的小鱼，它们自由自在地游着，真是美妙极了！偶尔有一片落叶随风飘过来，落在水面上，鱼儿们就被吓得四散而逃。

小河的对岸种着一排树干呈圆筒状、滑溜溜的、笔直的杨树，枝叶茂密，白天望过去也是黑黝黝一片。一些羽毛刚长丰满的小乌鸦一边衔着脱落的羽毛，一边快乐地飞来飞去。地面上长满了一层地毯般柔软滑腻的苔藓。有时候，柔软的苔藓中还会有稀稀落落的野菌。

法布尔第一次看到这些野菌的时候，觉得非常新奇而有意思。他观察了很久，发现野菌有钟形的、烛台形的、杯状的、圆长如人头形的、漏斗状而中凹的、半球形的，样子奇奇怪怪，没有一朵相同。他还发现在这些野菌中，有一种菌，只要轻轻一捏，就可以挤出牛奶状乳白色的液汁；而另一种菌轻轻一捏就会立刻变成绿色；还有一种菌，轻轻碰触它的时候，它会完全散开，露出里面蠕动着的小虫。

这些野菌对法布尔具有极大的吸引力，很长一段时间内，他只要一有空就过来采集野菌。不过他从没有把它们带回家，因为大人们告诉他，这些野菌是有毒的。所以它们并不会受到欢迎，大人们看见它们肯定是直接扔

法布尔后来手绘的蘑菇

掉。法布尔不明白，这么可爱的植物为什么得不到人们的喜爱。当然，法布尔并不是不相信大人们关于野菌有毒的说法，他谨慎地采集它们，从不曾将它们放在嘴里尝过。

后来，法布尔到杨树林玩的次数渐渐多了，他开始把见到的野菌分为三类：第一类是伞状，在伞底有许多放射状纹路的小菌；第二类是伞面遍布着许多肉眼几乎看不出的小孔，像海绵般的怪菌；第三类像猫的舌头，表面上长着许多疣状物，摸起来沙沙的。由此可见，法布尔从小就有把看到的东西加以整理，以便加强记忆的习惯，这为他之后的事业奠定了良好的基础。

发现小鸟巢

法布尔小时候还有很多有趣的事，现在我们来讲一下他第一次发现小鸟巢的故事。

有一天，法布尔在家里很无聊，就到附近一座陌生的山丘上去玩，他希望自己能一口气爬上山顶。

山顶上长了一排树，刮风的时候，它们会摇晃得仿佛要被连根拔起似的。法布尔曾不止一次地从家中窗户望见这排树在暴风雨中摇晃，也曾看到它们在暴风雪中拼命挣扎的情形。他想去看看这些可怜的树在山丘上做什么。

让幼小的法布尔有些费解的是，这些树在风和日丽的日子静静地耸立在那儿一动也不动，刮风下雪时为什么就完全不同了呢？当它们平静安宁地立在原地时，法布尔觉得非常愉快；相反暴风雪时，法布尔的心也随着它们的摇晃而不安起来。

他把这些树当成自己的朋友，他觉得自己应该去探望它们一下。

他爬上丘陵斜坡，看见一片被绵羊啃过的短草。由于没有高大的树丛，他不必担心衣服会被割破，也无须担心有绊脚的石头，只要顺着这片草地一直往上爬，就一定可以到达山丘顶上。

话虽如此，但是想要从这片又陡又宽的坡地爬上丘顶，也是件不容易的事！法布尔太弱小了，他偶尔抬头向上望，丘顶的树还离得那么远，只好不断鼓励自己振作精神，不屈不挠地往上爬！爬！爬！

这时，他看见脚边一座大屏风般的岩石缝中飞出一只漂亮的小鸟。法布尔感到很奇怪，什么鸟会躲在这里呢？他停下来仔细观察，终于在石缝边发现一个用羽毛和野草做成的小鸟巢。这是法布尔生平第一次看见鸟巢，他好奇地挪开遮挡物，看到有六个鸟蛋整齐地躺在巢里，蛋壳的颜色有如澄蓝的天空，美丽极了。法布尔兴奋地伏在草地上，一动不动地看着这些鸟蛋。

正当他看着这些鸟蛋时，它们的妈妈就在不远处的一块岩石上，对这位不速之客不停地鸣叫、跳跃、飞来飞去，好像很担心的样子。像法布尔这个年龄的孩子哪里懂得什么叫慈悲心呢？只是好玩成性，根本没有把鸟妈妈的悲鸣放在眼里。

这时，他突然有了一个绝妙的主意：他决定两个星期后，等这些蛋孵出的小鸟还不会飞的时候，把它们全部带回家。不过，现在他为了纪念这次重大发现，决定先带一个美丽的蓝色鸟蛋回去给大人们看看。于是，他先抓了一把藓苔放在手掌上，然后小心翼翼地把鸟蛋轻轻地从鸟巢中取出放在上面，如同携带一件易碎的精美瓷器。

一个人在幼年时，假如从未有过发现鸟巢的经验，他可能无法理解法布尔当时的心情。因为带着这个鸟蛋，法布尔不能再往高处攀爬了，那些树朋友只好下次再来探望了。于是，法布尔小心翼翼地走下山丘。

当他抵达平地时，正好遇见一位牧师，牧师诵读着圣经慢慢地走向教堂。法布尔赶紧把捧着鸟蛋的手藏在背后，牧师一眼就看出他放在背后的手里一定藏着什么东西。

牧师问他手里拿着什么。法布尔犹豫了一下，然后张开手掌，向他展示那枚包在苔藓中的蓝色鸟蛋。

牧师告诉法布尔这是黑喉鸲的鸟蛋，然后不断地追问他是在哪里找到的。法布尔只好承认了自己的错误，他说："我并不是故意去寻找这些鸟蛋的，只是在无意间发现了它们。一共有六个，我只拿了一个，其余的我准备等它们孵化出来，长好羽毛后，再去捡拾。"

"小朋友，你不能这样做！"牧师说，"你不能把小鸟取走，鸟妈妈并没有什么过错，你不能这样对待它们，你应该立即把鸟蛋放回原处。小鸟是自然界美丽的生灵，你应该让它们自然成长，在天空中自由飞翔。再说，田野也很需要小鸟，因为它们吃掉田里的害虫，保证庄稼的健康生长。如果你想做一个好孩子，就不要再去捉小鸟了！"

法布尔答应他要做个好孩子，于是将鸟蛋送回鸟巢，然后回到了家里。

这件事给法布尔留下很深刻的印象。法布尔对"黑喉鸲"这个名字也很感兴趣。后来，法布尔知道这种鸟也叫石栖鸟，它的拉丁文名字翻译成中文就是"住在岩石上的"。再后来，法布尔阅读了一些有关这种鸟的书籍，他了解到它们喜欢住在有沙砾的山丘上，用爪子翻土，找寻土中的毛虫作为主食。因为它们在找寻食物时，喜欢从这堆土翻到那堆土，所以又被叫作"翻土者"。在法布尔居住的地方，这种鸟还被称为"谷尾"，当它们在田野中飞翔时，伸展开来的翅膀就像一把散开的扇子。

养鸭子

法布尔故乡的居民们以何为生呢？

事实上，这里的居民都非常勤俭，如果家里拥有二三百亩草地，可以饲养一些绵羊。每家都在辛勤地耕作着。他们用石头砌成一道墙，将自家的耕地围起来，以防山体滑坡或严重的水土流失。一家家的田地上下整齐地排列着，形成一片美丽的梯田。

农人们常将家畜的粪便放在桶中，待它发酵后作为肥料。这里的马铃薯长得很好，马铃薯煮熟后，被放在草秆编成的篮子里，趁热进食。这是当地居民们冬季的主要食物。

如果马铃薯太多吃不完，也会被拿来喂猪。猪是当地一种很重要的家畜，也是油脂和火腿的主要原料。

另外，当地人还有一种重要的食物就是干酪和凝乳，这是用羊奶做成的。

法布尔家只有一幢小房屋和一块小庭园，除此之外，一无所有。当务之急，他们必须尽快想个办法维持生活，为了这个问题，法布尔的父母曾发生过激烈的争论。

有一次，父母又在商量这个问题，法布尔就伏在桌上，装成熟睡的样子，偷听他们的谈话。

他听到母亲说："我们来饲养鸭子怎么样？教堂的泉水边有一座制造油脂的工厂，厂主是个退役军人，非常和善，经常廉价出售制作油脂时废弃的原料，这是很适合鸭子的饲料。"父亲对这个建议很赞同。

当晚，法布尔做了一个和一群穿着黄色天鹅绒般衣裳的小鸭子在一起嬉戏的美梦，他把它们带到池沼，教它们游泳，然后将最柔弱的一只小鸭子放在篮子里，小心地带回家。

三个月后，法布尔梦中的小鸭子终于出现了，共有24只，两只大母鸭，其余的都是它们孵化出来的小鸭子。这两只大母鸭，黑色的一只是法布尔家本来就有的，另一只是从邻居叔母那儿借来的。

这个计划刚开始时，一切都显得非常美好顺利。天气晴朗的日子，法布尔就在大水盆里装满水，把它当作水塘，让那些可爱的小鸭子们在里面快乐地嬉戏。

大约过了半个月，小鸭子们渐渐长大，水盆已经容不下它们。小小的水盆既不能和池塘相比，也没有小鸭子们最爱吃的昆虫和蝌蚪。小鸭子们当然最喜欢在长满水草的池沼中一边戏水，一边寻找食物。这时候，问题出现了。

住在小河旁的风车房主人既不花时间，又不费金钱就可以把鸭子养得很好。那位油脂厂的厂主也在离村庄不远的水池里养鸭，他的鸭子也长得很好。可是位于全村最高处的法布尔家，夏天时连人的饮用水尚且不够，怎么可能有多余的水让鸭子们嬉戏呢？

法布尔家石墙旁的小洞里经常有水流出，虽然水量很少，但他们仍把水流引入一个石头凿成的水缸里，用作日常用水的储备。法布尔家和邻居就用一个铜制的小瓢舀水用。通常要用一天的时间，水缸才能蓄满。

法布尔家附近倒是有一条小河，但想要把小鸭子们赶到那儿，是件十分危险的事，因为中途要经过一座村庄，村庄里那些可恶的猫说不定会把小鸭偷偷抓走。还有些淘气的狗也会将排列得很整齐的鸭群冲散，小鸭子们一旦被冲散，想再集合起来就很困难了。法布尔很怕麻烦，所以只好另外找一处不受骚扰的、幽静的地方放鸭子。

从山丘往城堡后面的小路走去，不多久，在笔直的山路上有一个大转弯，旁边有座牧场，牧场连着一片不太大的草原。沿着布满岩石的山麓走去，在靠近平地的石路边有一条小河，形成了一个小水沼。那里整天都静悄悄的，法布尔觉得这是个适合小鸭子们的地方。把小鸭子们带到这快乐的新天地就是当时幼小的法布尔每天的全部工作。

法布尔从养鸭子那天开始，内心就充满了快乐。现在，他仍然很高兴，但也有一件事给他的心笼罩了一层阴霾。那就是他必须赤脚走过那段崎岖的山路，他的脚会磨起许多又大又痛的水泡。因为家境贫寒，法布尔只有一双鞋子，而那双鞋子只有在节日或去教堂的时候才能穿，所以他必须忍着痛楚走在崎岖的山路上。

法布尔一只手拿着长竹竿，跛着脚赶着小鸭子们向前走。它们看起来也很可怜，它们的脚掌非常柔嫩，好像忍受不住痛苦似的一路上嘎嘎地叫着。如果不是法布尔让它们时时在榕树下休息一会儿，它们可能会走不动呢。

他们好不容易到达了池沼，那真是一个美妙有趣的游乐场，水不太深，温度也适宜，中间还有一块长满水草的小沙洲。

小鸭子们见到水，毫不迟疑地立刻扑通扑通地跳下去游玩。它们张着嘴不停地啄泥，或在水中喝一大口水，然后好像享受快乐似的把水吐出，只把从水中滤下的佳肴吞下。有时游到水深处，它们会把脖子伸得长长地埋入水中，只露出一个小屁股。

它们多么幸福啊！当法布尔看到它们如此快乐时，心里也充满了喜悦，他也在池沼边玩耍起来。

突然他看到水里有一团滑溜溜、绿颜色、像一团纠结在一起的细线似的东西，那是牧羊女编织的东西吗？

法布尔把它捞了起来，原来是一团青苔，他感到有什么滑溜溜、软绵绵的东西在指间钻来钻去。将这团纠结的青苔撕开后，里面钻出了几个像铅笔头大小、黑乎乎带有扁平尾巴的怪东西。原来是蝌蚪。法布尔小心翼翼地把它们放回水中。只见这些可爱的小蝌蚪在水中绕圈子打转，乌溜溜的背脊在阳光下闪闪发光，法布尔看得高兴，想伸手再去捉，它们却一下子逃开了，总是抓不到。他乐此不疲，和小蝌蚪们玩起了捉迷藏的游戏。

玩累了的法布尔伸着懒腰，环顾四周，他看到绿色水草的缝隙间，不断冒出一粒粒珍珠般的气泡。法布尔仔细一看，原来水草下面有一只美丽的螺旋贝，它像颗透明的豆子一样静立在水底，一动不动。他还看到一条很漂亮的毛虫，还有一条背上有一片柔软的鳃、不断在吸水的怪东西。

它们在那里做什么？它们叫什么名字？法布尔一无所知，他只是目不转睛地盯着它们看，被这种神秘的水底世界迷惑了。

小池沼的水缓缓地流向牧场边的榛树林，在树林中，法布尔又发现了一些神奇的东西，那是一只有红点的金龟子，它比樱桃核还小，但却带有一种世上最美丽的蓝色。法布尔把这只闪闪发光的金龟子装在蜗牛壳中，用树叶盖住，打算带回去慢慢研究。

他继续探寻这个神秘多彩的小世界。形成这个池沼的小溪的源头是一股很清澈的泉水，它从岩石口冒出，初时积聚在约有两三个手掌大的小洼地里，等洼地注满了，再溢出流进小溪。法布尔想到，如果在这里安装一个小水车的话，说不定会转动呢。他捡了两根细芦苇秆，做成一个十字形的架子当作水车，再用两块小石头放在两边做轴承。水车居然真的转起来了，法布尔从未如此高兴过，可惜没有人与他分享这种喜悦。很快，他就觉得无聊了，于是又尝试着去寻找新的游戏。

忽然，他想到了！或者可以用石头建一座水坝。这里遍地都是石头，法布尔津津有味忙着收集材料，这时发生了一件事，让他忘记了筑水坝的打算。

　　就在法布尔敲碎一块比较大的石头时，他发现石头的缝隙中藏着一颗六面体的结晶物，在阳光下闪闪发光，这种光辉就像节日时挂在教堂吊灯四周的玻璃片在烛光映照下散发出的灿烂光华一样。

　　那该不会是什么宝物吧？法布尔想到了国王的皇冠和王后的项链，甚至想到了之前听说的关于龙把宝藏埋在土里的故事。他一下子兴奋起来，如果龙心情好，说不定会赐给他一些金子，这样全家的生活就会好很多。

　　法布尔继续敲击着石头，刚才那珍奇的宝物又出现了，它就像下雨时，从古老的墙缝中爬出来的扁平蜗牛般蜷曲在那里，它的花纹像小绵羊角一样美丽。为什么石头中会有这种东西？它到底是什么？法布尔心中充满了好奇，同时也怀揣着发财梦，他把小石子装满了口袋。

　　天色渐渐暗下来，小鸭子们也吃饱了。法布尔赶着它们往家走去，他特别高兴，甚至连脚掌起水泡的事都给忘了。

　　回家的路上，法布尔就像过节般快乐，他心中有一种隐隐约约、无法形容的温煦祥和的声音在低语，这声音像是在对他诉说小池沼的秘密，又像是藏在蜗牛壳中不断蠕动着的金龟子在细述岩石的秘密。闪闪发光的金粉、有棱角奇异的石头，以及绵羊角状五彩奇幻的宝石在法布尔的口袋里互相撞击着，发出动人的声响。

　　回到家之后，家人发现他的口袋里装满了石头，这些尖锐的东西已经将衣服口袋戳破了。父亲很生气，他说法布尔的宝物都是没有用的东西，命令他马上把它们丢掉。法布尔感到很难过，但还是依照父亲的吩咐把这些石头、金粉、绵羊角状的化石和那只金龟子通通丢进院中的垃圾堆里。

法布尔的学校

最小的学生

　　不久之后，法布尔上学了。出乎他意料之外，老师竟是那位替他受洗礼命名的牧师。学校条件很差，在一栋两层楼房的一楼，它兼具了多种功能，既是厨房、寝室，又是餐厅，有时甚至还是家禽和家畜的游乐场。当时想要一间专门的教室，几乎是不可能的事。好在学生们对教室也没什么奢求，只要能遮风避雨就行了。

　　这栋房子有一段很宽的楼梯通向二楼，一楼一部分是围有栅栏的寝室，放着一张大床。二楼到底放些什么，没有人知道，法布尔经常看到老师从上面抱下一些给母驴吃的草，或拎下来一篮马铃薯，然后师母把这些马铃薯倒进煮小猪食物的大锅。由此可见，二楼可能是储藏粮食的仓库。我们把目光重点放在楼下，这就是法布尔的学校。

　　整个屋子只有一扇朝南开的小窗户，窗子特别小，当法布尔把手探出去时，头和肩膀会抵到窗沿。窗子附近是整个屋子光线最充足的地方，从小窗往外看，可以看到散布在盆状山谷斜坡上的整座村落。

　　窗子下有一张老师用的桌子，对面墙边有个放鞋子用的橱柜，橱柜上有一个铜制的水桶，通常里面都注满了水，学生们可以用旁边备用的茶杯舀水喝。另一边还有个柜子，里面放着一些大小盘子和汤匙、锡制的食器，这些精致器物只有在节日庆典时才可以使用。

　　墙上贴满了一张张霉迹斑斑的画，都是一些宗教题材的作品。法布尔每每看着这些画上绚丽缤纷的色彩，就感到异常兴奋。

　　在严寒的冬季，刮风下雪的日子，法布尔也不觉得无聊，他发现了一件更好玩的事情。在教室靠里的墙边有个大得出奇的火炉，炉上有拱形的装饰物，从墙的一角伸展到另一角。炉中央有一个小门，在齐腰的炉门前方用木头与石块砌成一张稍微凹进去的温暖床位，上面铺着一床装满麦谷的被子，中间还有一道拉门，如果想与人分隔睡觉，只要把门拉上即可。这张温暖的大暖炉睡床只给在老师家中受到特别礼遇的两个住校学生使用。这间屋子面对运河出口，刮风下雪的夜晚，把门关上，睡在这温暖的床上不知该有多舒服呢！

　　除此之外，屋里还有一个烧饭的地方和一些烹饪用具、一把只剩下三只脚的椅子、一个挂在墙上装盐用的箱子、一把必须用两只手才能抬起来的铲子、一个和法布尔祖父家一样的吹火筒，这个吹火筒是用较粗的枞树干做成的，用烧红的铁条烙穿树干，一个吹火筒就做成了。

　　学生们如果想要取暖，必须每天清晨从家里带一块木柴，然后把它们集中在一起，放进炉内燃烧。炉火并不是单纯为学生们取暖用的，它还兼煮一些小猪的饲料。炉火上架着三个锅子，里面煮着一些麦皮和马铃薯的混合物。

那两个寄宿生的座位最好，他们有三角椅可坐，而法布尔他们通常都是并肩坐在一条长凳上，围着一个食物煮得快要溢出来的炉子听课。

在学生中有一个特别调皮的孩子，他常趁老师不注意时，用小刀插住煮熟的马铃薯，然后偷一个马铃薯出来放在他的面包上。

法布尔在学校学到的知识并不多，偷吃东西的坏习惯倒是学会了，他和同学们常常在写字时偷剥胡桃核或者偷偷啃面包。

除了一边上课一边偷吃胡桃外，法布尔和他的伙伴们还有另外两件很有趣的活动：屋子的侧门通往饲养猪和鸡的小房子，里面养有一只母鸡和十几只小鸡，它们常常刨垃圾寻找食物；还有十几头小猪在石头做成的饲料槽里翘起鼻子找东西吃。法布尔和伙伴们常常找个理由偷偷溜进这个小房子，然后把门打开故意不关上，让小猪们跑出来。那些小猪闻到马铃薯的香味后，一个一个争先恐后地跑出来。它们摇着尾巴，嘴里发出哺哺哺哺的哼声，一颠一簸地走了过来。小猪的身体就从学生们的脚下擦过，它们用桃红色的、阴冷的鼻子轻嗅学生们的手掌，可能是闻到了他们手上面包的香气。等小猪们差不多转了一圈之后，老师才挥动着手巾把它们赶回小房子。

小猪回去后就轮到母鸡了，它带着一群羽毛柔软得像天鹅绒般的小鸡跑出来。学生们很高兴招待这些可爱的小客人，争着把小鸡抱起来放在身上，抚摸它们柔软的羽毛。这就是让学生们感到轻松愉快的两件事。

法布尔是这所学校里最小的一批学生，他们手里都有一本教科书，书的质量有点粗糙，书皮上画着鸽子和十字架，里面是 ABC 字母和一些有趣的人像，还有一些发音方法的练习。大部分学生都觉得这些发音方法非常困难，不过只要学会了这些，他们就可以和高年级的学生们一起上课了。法布尔很想用心地跟老师学发音方法，不过老师明显更关注那些高年级的学生。法布尔和他的同学们常常不知如何是好地坐在凳子上，脑袋里也不知道在想些什么，偶尔有一位同学认识这些字母，学生们就请教他，模仿他的声音朗读。有时候，学生们的眼睛盯在书本上，脑子里想的却是如何去偷马铃薯。上课时，还有同学竟然因为抢玻璃弹珠而打架。

总之，在小猪和小鸡不断地来回走动中，不论学生们如何努力，都无法集中注意力，他们只好默默地坐着，盼望着下课时间快点到来。对他们来说，这已经是最用功的读书态度了。

高年级学生多数时间都在练习写字，屋子里只有微弱的光线,写的字大概也只有本人看得清。他们的椅子围成一圈，共享教室里唯一的一张桌子。

学校不提供任何用品，更不用奢望墨水之类的东西，凡是上课所需的物品，全部由学生们自己准备。当时学生们用的笔是一种长形的厚纸盒，分为两层，上层放火鸡毛或鹅毛管削尖制成的笔，下层放一个小玻璃瓶，里面装着油烟和醋混合而成的墨水。老师一天中最主要的一项工作就是削笔尖，这是很有技术难度的工作，必须要小心翼翼，稍有不慎就可能会割伤手指。

　　其次就是在簿子上按学生们的程度画些横线，写上26个字母或一些简单的字。当老师做完这些事时，这本簿子就成了一本绘画杰作，老师在上面画了许多小插图。刚开始时，老师总是把笔尖抵在纸上，静静地思考如何下笔，然后，突然像灵感出现似的，灵巧地握着笔上下移动，鲜红的墨汁变成一对对展翅而飞的鸽子，纵横翱翔，一圈圈水涡形成螺旋形的花朵，精巧地展露在眼前。

　　学生们都被老师这些神来之笔惊得目瞪口呆。孩子们把这些画带回家后，它们会在昏暗的夜晚被家人们一个一个传阅，家人们总会说："老师多伟大啊，能一气呵成画出这么生动的图案！"

　　学校的法语教科书只有12篇圣人的故事，而拉丁语方面却始终停留在把祷告词念得更流畅的阶段。

　　至于历史和地理方面，孩子们从来没有听说过，也从来没有人讨论地球是圆的还是方的。这里的居民才不在乎地球是什么形状，因为这对从耕种到收获的过程不会有什么影响。

至于文法，老师没有多大兴趣教，孩子们自然也就不会学了。当他们偶尔接触到名词、介词等复杂的文法时，都感到非常惊讶。其实一种语言只要习惯使用后，自然能很正确地写出来或者读出来，那些琐碎伤脑筋的文法并不值得人特别注意。再说当时，法布尔和同学们认为自己不过是当牧羊人的命，学习文法又有什么用呢？

数学，孩子们倒是学过一些，但只是基本的数数和简单的运算方法。每个星期六下午，老师会将前一个星期以来所学的东西做一次整理，算是数学总复习。这时学习最好的同学就会站起来，把乘法表用最洪亮的声音背诵出来。学习最好的同学背诵完毕后，所有人，包括最小的学生再跟着背诵一遍。这时候的声音非常嘈杂，平常那些顽皮的小猪和小鸡都吓得躲起来，不敢再胡闹了。

乘法表是法布尔记得最牢的知识，但这不代表他的数学也很好。就算是学习最好的学生也并不十分清楚怎样将乘法表运用到数学中。整个学校会做除法题的孩子寥寥无几，也就是说，无论如何简单的一道算术题，他们永远无法用笔算出答案，只好用背诵的方法慢慢地换算出来。

了不起的老师

法布尔一直认为他的老师是个很了不起的人，如果他能多些时间教导他们，他们一定能学得更好，但是他太忙了，只能在众多的工作中抽出一点时间来教导学生。

这位老师是当地的城堡管理员，还要做割草、剥胡桃、摘苹果、收割燕麦等粗活，偶尔还替地主们管理田租和账目，一年到头不停地工作着。

夏天时，学生们偶尔会帮他做一些事情。不过像法布尔这样年龄还太小的孩子是不必帮忙的，他和几个同龄的孩子被留在显得有点冷清的学校，虽然寂寞，却也过得十分充实快乐。他们把书本拿到麦草堆上，在那里上课。有时也结伴去打扫积满鸟粪的城堡。如果碰上下雨，他们会在城堡附近的庭园捉蜗牛。

法布尔的老师还是一位很好的理发师，他常用那双为孩子们画插画的灵巧的手替村中的名人、牧师刮胡子。

除此之外，老师还担任敲打教堂大钟的工作，凡是碰到喜庆节日，孩子们的课业就必须暂时中止，因为老师必须去敲钟。暴风雨来临的日子，他们也不会上课，为了防止雷电对村人造成灾害，老师也必须去敲钟警示大家。

老师还是教堂乐队的歌手，每天晚上祈祷唱圣母玛利亚歌时，他那强而有力的歌声总是响彻整座教堂。

老师还要替村里唯一的大自鸣钟上发条。在当地，那是一种至高无上的荣耀，老师只要稍微瞄一眼太阳的位置，就能知道确切的时间。然后他爬上钟楼，打开满是齿轮、链条等繁杂构造的大木箱，调整好时间。只有老师才懂得如何操作它们。

在这种环境与老师的教导下，法布尔会成为什么样的人呢？相比书中的 ABC，他明显对那只鸽子更感兴趣，法布尔时时注视着这只鸽子，陷入幻想。

他感觉，鸽子那双圆眼睛似乎正在对他微笑。他仔细地数翅膀上的羽毛，脑中浮现出一幅鸽子在美丽雪层中飞翔的景象。一会儿，鸽子又把他带入一个长满苔藓的树林，苔藓上还长着许多鸡蛋般的洁白野菌。在积雪的山顶，鸽子的红色爪子踏在雪地上，印下许多星形的脚印。在法布尔看来，这真是一只了不起的鸽子！他借着这只鸽子自由地驰骋在幻想中。

野外的课程也别有一番乐趣，当老师率领孩子们消灭城堡庭园中杨树上的蜗牛时，法布尔并没有按照老师的吩咐将小蜗牛赶尽杀绝。面对堆积如山的蜗牛，法布尔偷偷挑了一些漂亮的黄色、玫瑰色、白色、咖啡色及背壳带有黑色螺纹的蜗牛，将它们塞进口袋，准备带回家好好地欣赏。

有时孩子们到老师的牧场里帮忙晒草，那里有很多青蛙，法布尔时常因为观察它们而忘了帮忙干活。

法布尔喜欢采摘水仙花，他对这些边缘缀有红色花边的漏斗状花朵很有兴趣。

有时候，孩子们还偷偷溜进老师家的庭园里去摘胡桃，掉落的胡桃把脚边草坪的蝗虫都吓跑了，它们伸展出翅膀，真像两把漂亮的小扇子。

在这如此接近大自然的环境里，即使是隆冬时节，法布尔也不缺少研究对象。在没有人指导，没有样本可观赏的情况下，他独自怀着研究动植物的狂热四处观察。他的课业一直没有什么进步，尤其是字母的读写方面，因为他将太多的时间花在了对鸽子的幻想中。法布尔荒废了不少学业，他记不住那些字母，更别说运用它们了。

就在这时候，法布尔的父亲突然若有所悟地从街上买回一本书，那是一本对法布尔有很大影响的书，启迪了他的智慧。这是一本色彩鲜明的漫画书，里面有各种动物的图片，还有它们的名字和简介。这对法布尔来说简直是一笔宝藏，他想把这本书藏在一个只有自己知道的地方。他把它藏在了床下面。

坐在法布尔的床上往外看，可以鸟瞰整个村庄。学校位于城堡右侧，他的家在城堡左侧，两者同样耸立在盆状的谷地上。法布尔时常坐在床上，尽情地欣赏外面的风景。

那是一片多么美丽的平原啊！横跨过地平线一直延伸到无穷的视野外，几座烟雾朦胧的山峰间，一条两岸长满杨树的小溪蜿蜒着向东流去。山坡高处，挺直的橡树静静地耸立在那儿，山坡后面是一处充满神秘的新天地。

越过满是岩石的山谷，可以看到教堂的三座钟楼和村中大自鸣钟的巨大字盘。山坡稍高处有个大广场，广场中央挖掘了一口水井，井水不断地涌出，从圆形的屋顶下顺着水道潺潺不绝地流下去。有时法布尔站在床边，甚至可以听到井旁洗衣的妇人们的谈话声和她们捶打衣服的声音。

山坡上建有许多院落和屋舍，院中的石墙因长期受雨水的冲刷而露出石头，巨大的石块很惊险地悬在空中。几条险峻坡道弯弯曲曲地连系着每一户人家，那些凹凸不平的岩石也就成了天然的石阶。在这样险峻的通道上，即使是钉有硬蹄铁的驴子也要战战兢兢地通过。

离村庄稍远的丘陵上，有一棵树干上满是大洞的百年老菩提树，孩子们给这些洞起了个新奇的名字叫"铁炉"。这里是法布尔和伙伴们捉迷藏的地方。有市集的时候，常能看到很多牧羊人赶着羊群在这棵大树下休息。

一年一度的市集是法布尔最高兴的日子，在这里他知道了许多从前没有听说过的事物，这些让人眼花缭乱的东西往往也能引起他的幻想。因为市集，法布尔了解的世界不再是一个被丘陵包围的狭小村庄。

一列列驴马满载着盛在羊皮囊里的芬芳葡萄酒在街上走过。广场上摆满了一箱箱甜而多汁的梨，散发着诱人的香味。一串串晶莹剔透的葡萄摆成一圈任人挑选。这可是村子里不常见的珍奇水果，大家都围着它垂涎欲滴。

法布尔最喜欢的是市集里特别为小孩子设计的轮盘赌具，那是一种玩具，只要付一分钱，就可以拨动曲形盘子里的指针，如果幸运的话，麦芽糖做成的玫瑰色的小狗或杏仁糖果就会是你的奖品，但多半情况下都是一无所得。

铺在地上的麻布摆着一匹染有红花的印度纱笼绸布，许多姑娘围着抚摸，爱不释手。旁边的摊子陈列着木鞋、陀螺和笛子，牧羊人往往就在摊子旁吹奏一些简单的曲调。

这一切对法布尔来说既新鲜又稀奇，可惜快乐的时光并不长久，落日洒下一片余晖的时候，一切都恢复了平静，法布尔也必须重回平静而单调的日子。

现在，我们还是来看看法布尔那本宝贵的漫画书吧。

书中借由动物的名称让孩子们认识字母，比如法语中的"Boeuf"（牛）让法布尔认识了字母 B；他由"Canard"（鸭子）而认识字母 C；由"Dindon"（火鸡）而认识字母 D。

法布尔觉得这样的学习方法非常有趣，他反复练习，不过有时也会碰到让人苦恼的地方，以书中的"Hippopotame"（河马）和"Zebre"（斑马）为例，法布尔从未见过这些动物，他无法将文字与实物联系起来，得花费好长时间才能记住它们。

不过这些小困难很快就解决了，法布尔的父亲有时会帮他解释一些理解较为困难的词语，渐渐地法布尔对之前那本万分头疼的鸽子教科书也能朗朗上口，不需要别人的解说也能勉强读下去。

父母对法布尔课业的突飞猛进感到非常惊讶，他们不了解为什么他会在这么短的时间内就有如此显著的成果。其实是因为书中都是动物的图片，正与法布尔喜爱动物的天性相符合，因此他能很快地背诵出 26 个字母。

动物们并不是法布尔知识的全部来源，但是，我们可以很肯定地说，他能够认识字母完全得益于动物的帮助。也许其他方法也能帮助他识字念书，但绝不会如此有趣而快速地让他记住。

这之后，法布尔开始喜欢上了书本，父亲又为他买了一本故事书，里面充满了有趣的插图，当然，动物必不可少，全部都是法布尔喜爱而熟悉的动物，如乌鸦、狐狸、喜鹊、青蛙、兔子、驴子、马、狗、猫等，所以他对这本书真是百看不厌。刚开始时，他还不能完全理解书中的意思，经过反复推敲与背诵后，问题迎刃而解。凭着这股兴趣，法布尔很有恒心地反复诵读这本故事书。直到很多年后，它依然是他最亲近的朋友。

中学

法布尔十岁的时候，他们全家搬到了罗德斯市。他的父亲在城里经营一家咖啡店，法布尔则进入罗德斯中学读书。他还加入了教堂合唱队，成为其中的一名小队员，这个身份的好处是他不需要缴纳学费就可以入学。

合唱队有固定的制服——红色的披肩和红色的帽子，他们偶尔也帮神父处理一些弥撒典礼中的琐事。其实，当时年纪最小的法布尔只不过是被拉去凑数的而已，他完全不知道什么时候该摇铃、什么时候该调换弥撒经文，只是傻乎乎地重复着其他人的动作。每次弥撒结束唱赞美诗时，法布尔总是很紧张，他怕自己唱得不好，只敢跟着别人轻轻哼着。

这时候的法布尔正在学习拉丁语和希腊语，他读了很多神话故事，那些半人半神的主角曾让法布尔很感兴趣，但是在他心里，他一刻也没有忘记那些可爱的动物。

星期日不上学的日子，法布尔总希望到附近的牧场看看，他挂念着那些樱花树是否绽开了花苞，松树上红雀巢中的蛋是否已经孵出小鸟，白杨树上的金龟子是不是都被风吹落了。每每想到这些可爱的动植物，法布尔的心中就充满了快乐。

每个星期六，法布尔背完十个希腊语单词后，就和同学一起到附近的河流游玩，他们把裤管卷到膝盖以上，然后在水中摸泥鳅。

一群群小指般粗细的泥鳅毫无警觉地在泥沙中嬉戏，法布尔看准时机，悄悄举起吃饭用的尖叉子，朝最近的一条泥鳅猛力刺下去。

只要叉到一条，伙伴们就会忍不住拍手大叫，可惜这种时候实在太少。因为泥鳅非常灵活，早在叉子还远远地高举着时，它们已经摆动着尾巴逃得无影无踪了。

抓完了泥鳅，法布尔会和伙伴们到附近草原上的苹果园走一走。对这群淘气的孩子来说，没有什么东西比红红的苹果更吸引人了，尤其是偷吃别人树上的苹果，那种惊险刺激让法布尔毕生难忘。

此外，假日里还有许多其他的乐趣。

草原上经常有一群无人看管、自由自在地啄食虫子的火鸡，法布尔和伙伴们会偷偷地扑过去，将火鸡赶得到处跑。农妇一听到火鸡的啼叫声，就会拿着竹棍跑出来追赶他们，然后孩子们就会飞快地跑到树篱的另一边躲起来，哈哈地一阵哄笑。

法布尔升到高年级时，阅读量增加了很多，他喜欢阅读一些诗人有关"牧羊人与草原上动物"的作品。这些读起来朗朗上口的诗歌将原野上的动植物，如蜜蜂、蚕、鸡、乌鸦、羊、金雀儿草等都描述得非常生动详尽。朗诵这些作品，对法布尔来说，真有一种无与伦比的乐趣。

师范学校

法布尔全家在罗德斯市住了四年后，又搬到图卢兹市，法布尔也进了当地一家神学院就读。不久后，法布尔家又搬到了蒙特利埃市。由于多年的流离颠沛，他家始终无法富裕起来，这时的生活更是拮据到了三餐不继的地步。

每天晚上，一家人虔诚的祈祷，白天则穿着一身破烂不堪的衣服，四处拼命寻找工作，为的只是赚一点钱买点煮熟的马铃薯充饥。生活的煎熬让法布尔过早地体会到了人间疾苦。

法布尔一开始在市场和游乐场卖柠檬以贴补家用。后来，当地修筑一条铁路，法布尔便成了筑路工人，每天辛勤地搬运泥土以换取当天的面包。

境况变得如此悲惨，在别人看来他一定已经忘了那些心爱的动植物吧。事实正好相反，每当法布尔想起第一次在松树上看见有长长触角、绿色身子上带着白色斑点的美丽金龟子时，就仿佛有一丝明亮的阳光投进了他眼前黑暗的生活，使他对人生又充满了信心。

有一次法布尔用身上仅有的几分钱买了一本法国诗人的小诗集。这位诗人一边当面包工人，一边撰写有关大自然的美丽诗歌。钱都用来买书了，法布尔只好一面吃着路旁摘来的野葡萄，一面朗诵着诗人美丽的诗句。

幸运永远不会忘记乐观面对生活的强者。法布尔以优异的成绩考进了师范学校。校长是一位非常慈祥的长者，他答应法布尔，只要他完成学校的课业，其余的时间可以自由支配，做任何他喜欢的事。

因为法布尔以前学过拉丁语，所以他的拉丁语程度较同班同学好，于是他就利用拉丁语课的时间整理一些他收集的动植物标本。

在同学们拼命翻字典学习拉丁语单词时，法布尔就从抽屉中拿出夹竹桃果核、金雀儿草种子和麻雀的羽毛等东西仔细观察研究。

法布尔太专心于课外研究了，以至于课业成绩一落千丈。第二学年上到一半，他已经被认为是个懒惰而低能的学生，差一点就被要求重读。法布尔决心洗刷这个耻辱，在剩下的半年中他强迫自己拼命读书，结果不但没有留级，反而因为成绩优异而得到老师的赞赏。

法布尔对昆虫的热爱与日俱增，然而毕业在即，为了以后谋生找出路，必须加紧学习更多的新知识，再三斟酌之下，他不得不暂时中止了对昆虫的研究。

师范学校出来的学生一般都是去做小学教师，小学教师的生活非常清苦，法布尔不甘心。他开始考虑如何努力才能更上一层楼。研究生物学是不太可能的，当时的教育认为把生物学这种微不足道的知识和有用的拉丁文、希腊语共同教授，是件十分可笑的事。学校里的科目根本没有生物学这一科，法布尔无奈之下只好选择数学。

法布尔仔细盘算过，如果将来以教授数学谋生，大概不会太麻烦。不必准备太繁杂的工具，只要一块黑板，几支粉笔，再加上几本书就够了。法布尔开始钻研解析几何、微积分等。当时并没有老师的教导，也没有同学可以互相探讨，他只能孤单地面对一堆艰深的数学难题，耐心地思考如何解决。法布尔另外比较有兴趣的科目是物理学。他每天就在这些艰深而有趣的科目中打转。

在那段时间里，每当法布尔发现一种新的植物或是一只新奇的昆虫时，总是尽量压抑自己的本性，不去理会它们。因为怕耽误太多的时间，他的有关动植物的笔记也早已被他搁置在行李袋中了。

法布尔就读的师范学校在科学教育方面十分粗线，只教授一些简单的数学和初级几何，物理可以说从来没上过。不过学校总算教了他们一些气象学方面的知识，比如日、月、山、川、雾、雪、风、雨等形成的原因。这些常识有时还真能派上用场，法布尔经常振振有词地向农人解释为什么会有晴、雨等不同的气候变化。

至于生物学，则完全被学校忽略。每当大家一块儿快乐地散步时，路旁一些可以作为极好研究对象的植物、岩石以及有趣的昆虫等都被抛在一边，根本没人注意。学校甚至不允许学生们从窗口观察外面的世界，只重视文法教育，学生们每天都被这些繁重的文法课压得透不过气来。

学生们也从来没有上过化学课，法布尔只是从其他书本上约略了解了一些化学名词，但是从来没做过实验，所以也就无从知道自己了解得有多深。

法布尔只知道化学是一门把许多元素化合或分解成为许多物质的奇妙学问，他对这种新知识充满了幻想和好奇。在他的想象中，化学是一种魔术、炼金术，化学家应该是一位手里拿着一根魔棒，头上戴着一顶星形帽的魔术师，他们随意一挥手，多彩多姿的世界就发生了变化。

学校里有位代课老师，他在法布尔心里就和魔术师一样神秘。这位老师在高等学校教授物理和化学，他不论如何繁忙，一星期总要抽出两个晚上在师范学校旁的大广场免费演讲。广场后面有一所教堂，教堂钟楼上有只生锈的鸟形测风仪，日夜不停地哼着悲伤的歌曲，每到黄昏，教堂周围就会有一群大蝙蝠四处飞舞，深夜里，猫头鹰还会在阳台上啼叫。

在法布尔心里，这座美丽而神秘的教堂就是古老故事中魔术师的藏身之所。他总是幻想化学家就躲在教堂的圆形天花板上，偷偷地调配那些神奇的魔幻药。

这位老师偶尔也到师范学校代课，他的衣着和普通人一样，看起来丝毫没有神秘性，他也没有戴着魔术师那种尖尖的高帽。他像一阵风似的走进教室，然后用漫不经心的态度向同学们提出两三个奇怪的问题，在学生们尚未了解他的意思前，他又像来时一样飞快地走了。

学校虽然并不重视化学课，不过化学实验室还是存在的。法布尔经常站在教室的窗口前，望向校园，他能看见化学实验室的两扇大窗子，法布尔曾透过窗缝偷偷往里看，他看到一个水槽，似乎是洗玻璃器皿的，墙角还有一圈装有水龙头的铅管和几个粗糙的木桶，桶里盛着一些砖粉似的红色物质，不停地"噗、噗、噗……"冒着气泡。法布尔猜测，那可能是由一种茜草根提炼出来的染料。

隔着窗户偷窥实验室无法满足法布尔的好奇心，他希望自己能够进去和老师一块儿做实验。

毕业时，法布尔因成绩优异拿到了优等毕业证书。这时候的法布尔已经是 18 岁的年轻人了。没有了繁重功课的压迫，法布尔悠闲起来，他想着要不要去哪里玩一段时间。后来，他推翻了这个想法，因为他还没有工作。

和蔼的校长建议法布尔利用这段时间温习学过的拉丁语，他还帮法布尔翻译了几篇拉丁语文章，这使法布尔又燃起了对拉丁文的热情。校长还给了法布尔一本拉丁文和希腊文对照的宗教书籍。以前法布尔在翻译《伊索寓言》时曾学过一些希腊文，现在这本书又让他学会了很多希腊文字，这对他的将来帮助很大。

　　法布尔念念不忘的化学实验室终于向他敞开了大门。老师还答应做有关氧气的试验给他们看。当晚，法布尔兴奋得一夜未能合眼。

化学实验室

　　法布尔他们已经计划好，在吃过午饭、结束化学实验之后，就到山丘上的村庄去远足，好好庆祝一番，大家都穿戴了平日舍不得穿的礼服和礼帽。四五个人很隆重地由老师率领着参观实验室。

　　当跨进实验室的那道门时，法布尔形容说："我兴奋得几乎要停止呼吸了。"那是一个没什么装饰的古老教会的宽广大厅，圆形的天花板聚音效果很好，还能产生回音，阳光透过有颜色的毛玻璃映射出七彩的光辉，宽广的阶梯形座位可以容纳数百位观众。另一侧是教堂合唱队的席位。还有一个很大的壁炉，大厅中央摆着一张药味很浓的大桌子，桌子内侧则嵌进一口大铅皮箱子，现在里面装满了水。法布尔很快明白这些都是收集氧气时所需的器物。

老师开始做实验了，他把一个中间凹进去、看来有点像无花果的瓶子拿在手里说："这是蒸馏器。"老师用纸制的漏斗，把桌上那堆像灰粉般的东西铲起，先让学生们看看，然后告诉他们："这是二氧化锰。"老师又拿起一瓶过氧化氢倒进装有二氧化锰的蒸馏器中，然后放在火炉上燃烧（那时还没有酒精灯）。蒸馏器的另一端连接着一根玻璃管，通到收集氧气的玻璃箱。

所有的工作都准备完了，只等着看会发生什么事。有的同学甚至因为能在实验中帮老师把歪斜的蒸馏器扶正，或吹一吹燃烧的炭火，感到扬扬得意。"让那些想看热闹的人去挤吧！在这间神秘的化学实验室里，可看的东西还多着呢。"法布尔暗暗想道。他刚好趁此机会好好地欣赏这座化学家的宝库。

法布尔看到，暖炉旁放着一个宽大的橱柜，下面有一横排马口铁镶边。还有一些大小、形状各有千秋的奇妙炉子，每个炉子都有一个小风口，上面紧覆着一个未上釉的瓷盖子，盖子右边还有一个通气孔。法布尔并不知道这个奇妙的炉子是做什么的，不过他想这个炉子的火力一定很猛，说不定可以熔化石头。

除此之外，他还看到一只两端各有一个圆洞，洞里各伸出一条粗大试管，看起来有些怪里怪气的弓形炉子，这种器皿又是做什么用的呢？法布尔实在无法猜测出来，它可能是一种可以熔化金属的炉子。

宽大的木柜里还陈列着许多玻璃器皿和一些大小不同的蒸馏器，每个蒸馏器都在腰部收缩，伸展出一条乌鸦嘴般的长管子，有几个旁边还配有两个小小的把手。法布尔不停地揣测着这些器皿的用途，可惜并没有人告诉他，他的猜想是否正确。

他还看到一个有好几只短脚的深色玻璃杯。木柜中最使他感兴趣的是一种身上绕着两三圈玻璃管、上面还插着许多小管子的奇异玻璃瓶。

另外，还有一个比木柜稍微小些的玻璃柜，里面有许多装着药品的玻璃罐子，法布尔仔细看上面的标签，上面写着氨、硫酸、高锰酸钾、氯化钾、过氧化氢等，还有一些看起来让人头昏脑涨的怪名词，甚至有些名词法布尔从没听过。

就在法布尔仔细观察实验室的器具时，突然听到一声巨响，接着传来一阵慌乱的脚步声和惨叫声。法布尔赶紧回过头，原来蒸馏器爆炸了！其中的东西溅了一地，对面的墙上也沾满了污迹，几乎所有同学都或多或少受到了伤害，其中一位同学伤势最为严重，他躺在地上痛苦地哀叫翻滚着。

法布尔连忙和受轻伤的同学帮忙将这位重伤者抬到屋外，然后用水冲洗他脸上的东西。这位同学的痛苦减轻了不少，情绪也镇定下来。一个星期后，他脱离了危险，不过脸上留下了一些疤痕。

　　这次试验在法布尔心中是一次可怕的经历，不但他梦寐以求的氧气没有被制取出来，同学和老师还受到了伤害。这件事对法布尔的影响很大，但并没有让他害怕化学，而是让他下定决心，有朝一日一定要在没有老师指导的情况下，安全地操作化学实验。

　　在学习的过程中，能有名师指导的人无疑是幸运的，他们有如行走在平坦的大道上，成功指日可待。而法布尔的命运则被安排在一条充满荆棘的路上，没有老师的指导，只能依靠自己不断地排除阻碍摸索着前进，有时还会步入歧途，就算不气馁，但想要再回到正路，需要多少超乎常人的勇气和耐力啊！

教师生涯

卡庞特拉小学

法布尔从师范学校毕业后，找到了一份卡庞特拉小学教师的工作。这是一所非常破烂的小学，它的建筑物简直像一个破裂的洞穴。

学校旁边有一个水塘，水塘中的水常常从墙缝渗透进去，以至于教室的地面总是湿漉漉的。每扇窗户上都有密密的栅栏，要不是栅栏的缝隙间镶有玻璃，稍微可以透进一丝光线，这里简直像监狱一般。

教室里的陈设也非常简陋，将木板嵌在四周墙壁中当作椅子，房子正中有一张已露出麦草的破凳子，此外就是一块黑板和几支粉笔。

上课的钟声一响，五十多个淘气的孩子前呼后拥地往教室里钻。学生的人数太多，大部分都不会念拉丁语，有的甚至连字都不会写。这群参差不齐的学生确实让法布尔感到非常头痛。有些学生的年龄和他一样大，甚至还有比他年长的。他们有时候会捉弄法布尔，把他围在教室中央。缺少教学管理经验的法布尔往往不知如何是好。

年纪较小的学生，法布尔教他们识字；中等程度的学生，则教他们练习写字；程度较好的学生，法布尔就教他们数学和其他学科。

要使这群像野鸭般聒噪的学生安静下来，同时集中注意力用心听课，真不是件容易的事。加上教室里光线不足，教学环境很有限，要在这种环境下提高学生的学习兴趣，实在很难。法布尔只好拼命说话，不停地在黑板上写字，除此之外，他想不出其他更好的教学方法。

当时的学校教育大都只重视希腊语和拉丁语，对于其他课程都相当忽视。例如在今天非常重要的物理学，在当时却是一门可有可无的科目。化学也是不被人们重视的学科，不过知识总是有用的。

法布尔班上的学生多数来自乡下，他们放学后还得回家参与田间劳作，法布尔告诉他们土壤是由什么组成的、植物需要哪些营养等。他认为这对他们现在的生活有帮助，将来如果他们走出了农村，不做农人，也可以凭借这些知识去做别的事情，比如做一个铸铁工人、肥皂工人或制造酒精的工人等。

当然，很多专业知识法布尔也并不十分在行，但是他愿意从头做起。通常一位老师在授课中途停顿下来，多半会被学生取笑他学问太差，所以，法布尔认为如果要教授他们这些知识，首先自己得认真地重新复习一遍。

学校有一间小小的研究室，里面储存着一些化学实验所需的简单器材：一个气体收集箱，一打玻璃器皿、试管，以及一套简陋的化学药品。如果充分利用这些东西，应该能够做出一些实验。可惜这些物品都是为高年级学生预备的，学校也将其视为重要的财产，平时除了教授和准备考大学的学生，闲人绝对不准进入这间研究室。如果法布尔申请带他那班淘气鬼进来，绝对不会获得允许，学校一定会找出各种理由拒绝。

无奈之下，法布尔只好试试能否将一些器材借出来，这样孩子们就可以不用进实验室了。

法布尔将自己的想法告诉了校长，校长专攻拉丁文，和理科扯不上一点关系。他听了法布尔的报告后，显得非常困惑，无法理解法布尔为什么一定要这样做。

法布尔只好将自己的计划重新整理一次，列出重点，用最诚恳的态度详细地向他说明理由："我带的班学生人数众多，平时消耗的食宿费用也多，如果我们尽量满足学生的需求，提高他们的学习兴趣，相信学校的人数一定还会增加，学校的餐厅也会因此而赚钱，这么一来，对学校和学生都有利。"

这理由听上去有些冠冕堂皇，不过为了自己的计划能够顺利推行，法布尔也管不了那么多了。

最后校长总算听懂了。他答应可以将器材拿出来使用，但是一星期只能使用一次。

于是法布尔把这些器材从普通人禁止入内的实验室搬到

他教室的地下室，搬运中最让人苦恼的莫过于迁移气体收集箱了，运出时必须先把里面的水放光，运到后又必须再装满水，真是非常麻烦。幸好有一位非常热心的学生，每次上课前两小时都会帮法布尔搬运这些物品，让他省了不少力气。

法布尔想做的第一个实验就是不久前才发生过爆炸事件的制取氧气实验。事前他仔细按照书本中的规定研究试验的步骤。试验中，法布尔好像又听到了同学们被爆炸物灼伤的惨叫，他命令学生们坐在自己的座位上，不要随意走动。

学生们都很听话，法布尔可以放心做实验了。他只留了一个助手在身边，助手必须随时听从命令帮助法布尔。

学生们都坐在远处，这些从来没有看过实验的孩子寂无声息地睁大了眼睛，好奇地注视着法布尔的一举一动。

不久，气体收集箱中发出"噗、噗、噗……"的声音，并且有气泡冒出了水面，法布尔的心情随着这声音凝重起来。自己成功了吗？他有些不敢相信，他拿出一根刚熄灭、灯芯还透红的蜡烛，用一根粗铁丝穿进去，把它放入收集到的气体中。只见蜡烛发出"噗"的一声轻响，然后点燃起来，而且火焰十分明亮。法布尔的确成功了！

这是一个多么神奇而伟大的时刻，学生们都看得目瞪口呆，法布尔也不知所措，一时竟忘了身在何处。他觉得自己全身的血液都沸腾起来了，脑子里一片混乱，但他尽量抑制住自己的兴奋，没有露出一点欣喜的痕迹。因为在学生们看来，老师对自己所教的课程应该十分了解，如果让他们知道法布尔和他们一样吃惊，同时也是第一次做这种奇妙实验的话，那么他在学生心目中的地位势必有所下降。法布尔淡定地继续他的实验。

他将从旧时钟上拆下来的螺旋形弹簧放在火上烤一下，然后把它放进氧气中。果然不出所料，钢制的弹簧发出极亮的红光，还"扑扑扑"地爆出火花，弹簧因为生锈还冒出大量黑烟。这奇异的景象把大家都震慑住了。

良久，学生们才拍着手爆出欢呼声，有些胆小的同学甚至连看都不敢看，只好用手蒙住脸，偷偷地从指缝往外瞄。

看到大家兴高采烈的样子，法布尔也感到很欣慰。他相信学生们对化学这门学科有了更浓厚的兴趣。

每个人的一生中都有一段特别值得纪念的日子。行动派的人化理想为行动；而对于一些喜欢安静思考的人，最值得怀念的就是他们悟出新道理时，将各种事物从新的角度加以探讨。

法布尔觉得自己生命中最值得歌颂的日子就是第一次制造出氧气的时候。

那天上完课后，法布尔把器材搬回原处，他突然觉得自己长大了许多，竟然能将两小时前还懵懂混沌的事情独自完成，并且没有任何差错。

这件事告诉法布尔一个道理：你一直认为很危险的事其实并没有想象中那么难，只要全力以赴、小心认真，就一定会成功。

之后,法布尔又做了好几次实验,制取氢气、磷的燃烧等。

一年之内,法布尔几乎已经把主要的金属元素及其化合物的实验都完成了。很多学生为了要看这些新奇的实验,都自动转到卡庞特拉小学法布尔班上。这么一来,学校餐厅的生意确实更好了。校长自然很高兴,不免称赞了法布尔一番。

学校所有的科目中,法布尔最喜欢的是野外测量,学生们大概也是这样。他们利用几何学原理到郊外做实地测量。

学校没有这些测量仪器,法布尔只好自掏腰包购买,他买了一些测尺、标杆、测针、水准仪、直角仪和磁石,勉强算是野外测量课的全部器材。法布尔还自己设计了一个三脚架。

5月中他们每星期有一天可以上野外测量课。这一天大家都兴奋得像过节似的,学生们争着抢着拿那三根标杆。走在路上手里拿着一根标杆好像是件特别神气的事!法布尔也一样,拿着这些奇妙的器材,走在路上都不知不觉地挺直了脊梁。

他们常常练习测量的地方是一片布满山石的荒地。选择这里的原因是,这些孩子实在太顽皮了,这里既没有树木,也没有隐蔽处,法布尔可以很清楚地看到每个人的活动情形。法布尔知道,就算只有一棵杏树,这些孩子也会丢下手边的测量工作,跑去摘树上半生不熟的果实。选择这片荒地,就不用有这些顾虑了。

这片荒地上除了岩石外，还有一些开着花的麝香草。法布尔和学生们可以在这里测量三角形、四角形或任何他们喜爱的图形，同时可用一座旧鸽舍作为测量的固定标识。

第一节测量课时，出了点意外。

法布尔命令一位学生拿着标杆到前面不远处站好，可是他竟将法布尔的命令忘得一干二净，并没有一直往前走，反而不断地蹲下又站起，然后往四周看看又蹲下站起。另一位负责将测针放在架上的学生也一样，他竟然把测针放到一旁，捡起石头来。

法布尔看到许多学生都把正事放在一旁，玩泥块、捡石头。当他走过去想要纠正他们的行为时，他发现这些学生的嘴里大都含着一根麦草管。

法布尔终于明白了，这些学生真可算是一群天生的搜索家，许多老师不知道的课外常识，他们都知道得一清二楚。

原来他们在石缝间发现了一个蜂巢，里面装满了蜂蜜。学生们放下测量的工具，用石头打破蜂巢，然后用麦草管吮吸蜂蜜。

法布尔也充满好奇地用他们的方法尝了几口，蜂蜜虽然带些天然苦味，但却非常可口。法布尔继续和学生们一起寻找蜂巢，测量课被推迟到下一次。

法布尔看到了这个蜂巢的主人，那是一群大黑蜂。这是他生平第一次看到大黑蜂，它们有一双紫黑色的翅膀，身上穿着一件黑色天鹅绒的衣裳，它们的巢筑在麝香草或日照良好的小树上。

在艰苦的测量工作中，竟然有这么可口的蜂蜜可以吃，法布尔觉得十分高兴，也正是因为这样，他对大黑蜂印象深刻。突然，法布尔有一种强烈的感觉，他想更进一步了解这些大黑蜂，这种欲望比学生们教他用麦草管吸食蜂蜜更让人兴奋。

这之后，法布尔在经常去的那家书店发现了一本《节足动物志》，内容非常丰富，还附有许多令人惊奇的美丽图片。这本书的价钱很昂贵，是法布尔一个月的薪水，但他毫不犹豫地买了下来。剩下的日子不免要节衣缩食了。

从买下这本书的第一天起，法布尔就日夜不停地读它，从书中他认识了大黑蜂的学名，他还知道因为它常像泥水匠般用泥巴建筑蜂巢，所以又叫泥匠蜂。

法布尔从这书本中第一次了解到各种昆虫的习性，也知道了许多大生物学家的名字。法布尔暗暗下决心："有朝一日，我也要写一本有关昆虫的书。"

牛顿二项式定理

法布尔从没有机会在老师的指导下学习代数，可是他却丝毫不觉得遗憾。他认为自学有自学的好处，因为不至于被套入一种固定的模式，可以充分地发挥自己的才能。就如同野生果实与温室中人工培养的果实相比,味道是绝对不同的。真正懂得品尝的人都知道野生的果实苦中带甜,正是因为这一点苦味,甜味才显得更加甘美。

法布尔经常幻想,如果有机会能与他唯一的老师——书本,面对面地再交流一番,一定能使学问更上一层楼。

凡是遇到艰深或解答不出的难题时,法布尔总是彻夜不眠地思考研究,心里想着只要肯下功夫,终有破解难题的一天。法布尔之所以用这种艰苦的方法做学问,是因为他想将努力获得的知识传授给别人。

从师范学校毕业时,法布尔的数学不是很好,甚至可以说是非常差劲,只会一些求平方根或求面积的计算而已。他对数学这门学科一直又敬又怕,所以始终无法进一步研究它。

至于代数,法布尔觉得更害怕,他根本无法理解它到底是什么,只知道有"代数"这个名词,一看到它那些奇形怪状的符号,法布尔就觉得脑子开始发胀,根本不知所以然。因此法布尔始终没有想学习代数的念头。这就如同面对一盘很可口的菜肴,但自己却没有信心去品尝一样。法布尔做梦也没想到有一天会努力研究它,而且还研究了很长一段时间。当然,这是有原因的。

有一天,有位年龄和法布尔相仿的青年请法布尔教他代数。当时他正准备参加土木工程技师的资格考试,他把法布尔看成一个无所不知的大学问家,因而向他提出上述请求。

听了这个青年的一番恳求,法布尔有点害怕:"天哪!

要我教他代数，我根本不知道代数是什么！"

法布尔努力压抑住自己的情绪，同时在想自己到底接不接受他的请求。最后，他下定决心答应这个青年。

一个人如果想学好游泳，就必须先有勇气跳进水里，除此之外别无他法。法布尔决定用心学好代数，事在人为，他有信心自己一定可以做到。

想在一个未知的世界里扮演一个好角色，需要无比的勇气，20 岁年轻人的坚定自信心成了法布尔坚固无比的柱石。他答应那个青年后天晚上开始上课。他为自己留了一天时间好好摸索这门学科。

这一天，天气阴沉，非常寒冷，这种日子最适合靠在燃烧着煤炭的暖炉旁。法布尔准备一边烤火，一边研究代数。

这时候，他有些后悔了，自己实在不该如此鲁莽地答应他。如果法布尔手边有本代数书，他还可以彻夜不眠地准备第二天要教的部分，以后再说以后的。每天只要准备一小部分，课程还是能够进行下去的。可是，最要命的是法布尔没有代数书，一本都没有，就算马上去书店买，也有些晚了，何况书店还不一定有代数书呢。如果向出版商购买，至少要花费半个月时间才能拿到，显然更来不及。法布尔想取消和那位青年的约定，但是这怎么行呢？

正当他焦急无奈时，突然想起学校理科教室火炉上的小书柜里有各种书籍和参考书，也许会有一本代数书呢！

这一天是休假日，学校空无一人，法布尔小心翼翼地打开书柜找寻，果然不出所料，书柜里静静地躺着一本代数书，它和其他书一样，约有三指宽的厚度。法布尔立即关上书柜，抱着它回到自己的房间。

法布尔迫不及待地翻开这本书，当他看到一串串阿拉伯数字时，有种面对魔术、占星术或炼金术般的感觉，根本不知道它在说些什么。

法布尔向来有种习惯，在细读各章节之前，必须先将整本书大略地看一遍，这样才能比较容易地抓住重点。

法布尔翻到这本书的中间部分时，一个小章节突然吸引了他的注意力，那是牛顿二项式定理。

法布尔深深地被这个题目吸引。二项式到底是什么？这种由发现万有引力定律的英国大学问家牛顿发明的二项式和代数有什么关系吗？法布尔把双手放在桌上，铅笔夹在耳朵上，开始聚精会神地阅读。

出乎法布尔的意料，他居然能看得懂，上面记载着一些文字，这些文字就是符号，方式各有不同，但排列起来却有一定的顺序。

书中这一页的标题是"排列组合"，法布尔拿起夹在耳朵上的笔，试着去计算，他发觉这是一种非常简单而有趣的计算题。当他重新演算时，他知道了二项式有一定的算法，照着它的公式，很轻易地就可以算出正确的答案。

"如果代数就是这样的话，我可以做得很好啊！"法布尔这样想道。可是这种过于乐观的想法很快就被推翻了，他碰到了一些比较难的题。

法布尔在暖炉旁专心地解决他的难题。他觉得那个下午过得异常快乐。到了傍晚，他已经大致上将第二天要讲解的课程都准备好了。

时钟敲了七下，是用晚餐的时候了，法布尔心里充满了开始学习新知识的喜悦感和满足感。下楼时，那些代数字母就好像相互交织的花环展现在法布尔的眼前。

第二天，那位青年学生准时到达，他连粉笔和黑板都准备好了。法布尔不免有点心虚，但他还是勇敢地和学生研究起二项式来。

他的学生对这个知识点好像也有浓厚的兴趣，可是他不知道法布尔竟把应留在最后学习的内容搬到最前面。法布尔一边说明，一边叫他做些简单的习题。趁着学生做习题的这段时间，法布尔认真思索自己的下一步应该怎么办。

两个人一起学习，一起讨论题目。有时法布尔叫学生自己去寻找答案，他只做些简单的提示。当学生做对时，就显出很得意的表情，其实法布尔心里也在暗暗高兴，不过他不敢表露出来。

代数对这位青年和当老师的法布尔来说，都是一种非常有趣的新功课。当天的课程结束后，这位青年兴高采烈地回去了。法布尔也非常兴奋，他终于发现了一种自学方法。

这一周的代数课都平稳顺利地完成，法布尔总会在授课之前，再仔细地研究一遍自己要讲的东西。

像加法或除法这种简单的计算，不用说只要看一遍就可以了解，但是乘法却没有那么简单，负负得正的规则，法布尔无论如何也想不明白。

有关乘法方面的说明，书上只简单地举出几个例子，所以不容易看懂，无论法布尔如何仔细阅读，或再三反复演算，他还是不明白。这就是没有老师的指导光凭自己看书摸索的缺点。

书上的文字虽然也可以将一个道理说得很清楚，可是大多时候，一本书除了它上面的文字记载外，无法让你进一步了解别的东西。当你不懂时，它无法变换另一种较为容易理解的方法。比起书本，语言就方便多了，它具有伸缩性，可以一再地重复解释不清的地方，或者换个方法来解释。总之，语言可以从各种途径达到使对方了解的目的。

可惜法布尔学习代数时，没有老师在一旁口授，他觉得自己好像一艘没有灯塔指引而在代数之海中迷途的小船。

在教授那位青年学生的过程中，法布尔也觉得越来越吃力。当他向学生讲解那些他也一知半解的代数定理时，总是心里忐忑不安。

他问学生："听懂没有？"想想看，连他自己都不懂的东西，勉强讲解给学生听，学生又怎么能懂呢？这位学生也是个性情率直的人，他总是回答："听不懂。"然后为自己的理解力太差而自责不已。

每到这时，法布尔只好使出浑身解数，以各种不同的角度详加说明。这位学生的眼睛会像温度计似的，随着法布尔的指挥上下左右不停地转动。最后他会睁大了眼睛笑着说："我懂了！"法布尔不禁有一种成就感，觉得自己的讲解还不错。这不知道算不算是"负负得正"。

法布尔就这样一边研究代数，一边把自己的研究成果教给他的学生。这就像是一个非常艰苦的拓荒者，常常彻夜不眠地独自挖掘艰涩的代数宝藏，并将这块粗糙的宝石加以精心琢磨，然后再赐给他的学生。

这是件十分艰苦的工作，但法布尔一直没有放弃。他对代数的兴趣也越来越浓厚。最后他的学生拿到了土木工程技师的职业资格证，法布尔也把偷偷借来的代数书放回原位，当然，他自己又买了几本相关方面的书籍。

几何学的乐趣

法布尔在师范学校时，曾学过一点几何学，虽然只上了短短两三节课，但法布尔对这门学科的热爱一点也不比其他学科少，他认为几何学是一门在许多纷乱的道路中，归纳出一条最有系统的大道的学问，同时也是探索真理的最好方法之一。它借由各项定理一步步向前推进，很少有阻碍存在，可以说是最有效的训练脑力的工具。

至于几何学相关定理的来源，法布尔没有多大兴趣去研究，他只醉心于更加系统化的应用这些定理而已。

法布尔

法布尔从几何学中，学到了如何一步步地思考事物。大家都知道，思想上最困难的事就是不知如何将一些琐碎的事做系统性的集中。而几何学恰恰能弥补这方面的思维缺失。就像杠杆原理一样，原来坚固不能移动的巨石，用杠杆轻轻一拨，问题就迎刃而解。

法布尔认为，只要用心学习几何学，平常一些混乱无序的思虑就会变得非常清晰而有系统，就好像将一堆杂乱无章的树丛砍光后，出现一片一望无际的大草原般，一切事情都变得井然有序。

法布尔时常想起学生时代上几何课的趣事，每次下课后他都独自躲在校园一角，膝盖上放张小纸片，然后用铅笔在上面试着画一些直线、三角形，以及其他许多奇怪的图案。

每当同学们在操场上玩掷环游戏时，他总是单独在角落里与几何学为伍。法布尔如此用心地记下几何学的重要定理。不过在他的记忆中，他所学的几何学知识仅限于计算树干的体积、酒桶的容积和远近的距离等这些小常识。

当时的法布尔不知道几何学远不止于此，后来发生的一次偶然事件使法布尔领悟到自己所知的几何学简直粗浅得不值一提。

这件事发生在法布尔从师范学校毕业后的第二年，那时他正在卡庞特拉小学教书。

当时，卡庞特拉小学打算将现有的班级再增加一倍，同时大量地增聘老师，所以一些新来的老师们就和法布尔一样住在学校的宿舍里。

如果将那时的学校生活做一个比喻的话，老师就像是蜜蜂，而学校就是一个大蜂巢。平时老师们都躲在自己的巢穴里，空闲时，就努力用功研究代数、几何、地理、历史，尤其是希腊语和拉丁语等知识，将它们当成蜂蜜般储存起来。这些老师们固然是希望自己的工作过程顺利，同时也是为了将来可以有更好的发展。

在这群老师中，法布尔的年龄相比较大，所以他比别人更努力地充实自己。老师们的往来很频繁，不过有些人是诚心诚意地请教别人，有些人则是到处传播是非。

住在法布尔隔壁的是一位退役军人，因为厌烦了军旅生活，半途转业做老师。他曾担任过军中的秘书，所以学问还不错，他一心一意希望在数学上有所成就，可以说是一个胸怀大志的人。不过很多人批评他受军队生活的影响，脑筋有点冥顽不灵。

法布尔也是勤奋研习数学的人。不过两人的目的有所不同，这位从军中退下来的老师只是为了过好日子，而法布尔则完全是出于兴趣。按理说，两人绝不可能成为朋友，然而事实却出乎意料，他们后来竟成了知己。

法布尔曾多次看到这位老师演习数学时的情景：一到傍晚，他就双肘搁在桌上，低着头，专心于眼前涂满了奇怪符号的大笔记本，或者在烛光下做长时间的思考。他经常好像悟出了什么似的，把钢笔一抓，急急忙忙地写上一行字，当然并不是写文章，整个笔记本上布满了不具文法意义的大小字母，X 和 Y 以及其他数字混合在一起，每行文字最后一定写上"O"的符号，然后他眼睛一闭又陷入了沉思。

有一天，法布尔问他："那些式子都以'O'结束，到底有什么意义呢？"

他以军人惯有的习性轻蔑地注视着法布尔，他的眼角仿佛浮出不怀好意的皱纹，他说："可怜！你连这个都不知道？！我正在研习解析几何。"

解析几何？法布尔感觉很奇妙！他静静地想："随意地加入 X 或 Y，就能让文字组合成几何学吗？他仅是抱着头思考，就能从艰深的解析几何学书本中想出蕴藏在内的意义吗？从他的演算中可以发现跳跃于空间的东西吗？究竟能看到什么呢？用字母排成种种式子后，只用眼睛就能看出图形组成吗？"法布尔想不明白，于是他说："我也想学解析几何，你能教我吗？"

这位从军中退役下来的老师满口答应，不过他的笑容里好像有些不友善的东西。

当晚，他们达成协议，以后一起研究代数和解析几何，竭力为取得数学学士学位下功夫。他把截至目前自己所学的东西拿出来，法布尔则以年轻人的一股热情投入其中。当时，法布尔还在为自己的文学学士学位考试做着准备。

在研习几何学的过程中，法布尔遇到了意料之中的困难，他先大略地浏览了一遍解析几何课本，对书本上涉及的问题，那位从军中退下来的老师都以有趣的方法做了说明，可是书中充满了艰难的题目，这让法布尔有点头疼。

两个人在法布尔房间里的黑板前兢兢业业地研习，缩短睡眠时间，连续好几次用功到深夜。

一段时间之后，两个人的身份竟有了转变，法布尔变成了老师。同伴一直不明白坐标横轴和纵轴的组合，法布尔断然拿起粉笔，决定充当舵手，他根据书本上写的，加上自己的解释，摸索着前行。

解析几何是一门井然有序，需要敏捷思索的学问。法布尔总能挖掘出新的问题，经过分析后，两人都能更深入地理解。这样一来，他的同伴也就不能称之为老师了。有时候，同伴会反对法布尔的说法，不过大多时候，两人还是能够合力解决一些问题，就像两个杠杆一起插入岩石的缝隙，多大的石块也会动摇，最终被撬起。

同伴最初对法布尔的不好印象慢慢消失殆尽，两人之间的气氛非常融洽。每次解决了一个难题，他们的脸上都会呈现出收获成功果实后的兴奋表情。

他们经常兴致勃勃地研习到深夜，直到眼皮沉重得想睡觉，才勉强中止。同伴离开之后，法布尔却睡不着了。刚才想的事情像蛛丝般，一边摇晃一边黏附在脑中，挥之不去。好不容易睡着，也只不过是半昏睡状态，思维仍不能停止。次日清晨一起床，法布尔又陷入思索问题的状态，思维不眠不休、反复活动。在这种状态下，一直思索着的问题竟然也解开了。

每次在苦思中得到一点回报，法布尔就马上把它记在笔记本上，他怕这刹那而至的灵感之光会转瞬消失得无影无踪。这些灵感是从哪里来的呢？可能是小时候养成的习惯所致。必须不断地让头脑活动起来，这样思索事情时才不至于像久未转动的齿轮，举步维艰。

想要充分发挥头脑的功用，经常思考是最佳、最正确的方法，法布尔深谙于此。大概也就是这个原因，才使两个人的身份发生了变化吧。

法布尔虽然经常思考数学问题，但从不曾觉得厌烦或痛苦，反而得到了如同品味美丽诗句一般的喜悦。

法国大文豪雨果曾说过："人的智慧掌握着三把钥匙，一把开启数字，一把开启字母，一把开启音符。知识、思想、幻想就在其中。"

这是诗人的夸张说法吗？在法布尔看来不是的。

他认为，代数是井然有序、从规则中产生出来的诗，而且它具有果敢的气势，能翱翔在想象的世界中，代数的公式就是诗中的一个小节。

法布尔的这个观点没有得到太多人的赞同，其中包括和他一起研究几何学的同伴。他称赞法布尔的想法是不错的理论，但主张先解决眼前的问题再说。

法布尔同意同伴的想法，不过同时他也比较困惑，自己的观点是幻想家的梦语吗？如果用熊熊的火温暖冷酷的数字计算，用不同领域的思想装饰僵硬的公式，把闪闪发亮的光引入微暗的数学内部，那么跨入新知识领域中的努力不就变得较为轻松了吗？

同伴嗤之以鼻，继续自己的演习，而法布尔则按照自己的想法继续数学之旅。

研习完仅由直线组合的图形后，他们接着研习圆滑美丽的曲线，法布尔越发觉得数学是十分有趣的学科。

一个圆规竟具有他不知道的种种功能。方程式好像是不可思议的胡桃，而定理则是胡桃的甜蜜果实，要取出胡桃的果实非得有高明的技巧不可。

一年零三个月后，法布尔和同伴一起参加了数学学士学位的考试，两人都顺利过关。

这时，同伴说，他已感到筋疲力尽，不想做更进一步的研习了。法布尔百般劝说，最后都徒劳无功。

在这位同伴心里，研习数学的主要目的就是获得学位，如今目的已经达成，再不用苦思冥想，他的放弃也算情有可原。不过，法布尔明显不这么想。他认为自己现在所学的东西，不光是为了将来而铺路，他的好奇心和求知欲永无止境，决不能停留在某一阶段。

同伴离开之后，法布尔只好单独一个人、孤零零地熬夜用功。没有人可以和他谈论，他周围也没有知己。艰难的问题像断崖般耸立在眼前，却没有一个伸手援助他的朋友。

法布尔独自紧紧攀住断崖上突出的石头，虽经无数次跌落而受伤，但还得自己爬起来，重新往上爬。等到疲惫不堪，好不容易抵达山顶，仿佛进入梦寐以求的仙境时，却没有半个人影来为他的胜利欢呼。

科西嘉岛

法布尔在卡庞特拉当小学老师，一边教学生，一边自己进修，这样的生活过了好几年。

前面我们已经提到过，这所学校的校舍非常像监狱建筑。法布尔认为，这样的学校用狭窄、昏暗、阴森的建筑物抑制了孩子们明朗活泼的天性，这对孩子们的成长极为不利。

校门旁边有一家香烟店。在一个星期三的傍晚，法布尔走出学校，想到这家店买点烟丝，那是法布尔用来庆祝休假日的东西。

第二天就是星期四，是休假日，一整天法布尔都待在家里，解算艰难的代数方程式，并做新的化学实验，然后又走到河流附近去观察昆虫、采集植物。事实上，这一天的光阴丝毫没有浪费，可以说过得非常充实。

不过法布尔逐渐厌倦了这样的生活，他是一个教师，却常自问为什么要当老师。在当时那个不重视教育的年代，小学老师的薪水常常要延迟数月才能支付。每次领那点微薄的薪水都让法布尔感到厌烦，拥挤的同事、态度恶劣的会计都令他无法忍受。

他想自己或许可以开一家小店，卖些蜡烛、肥皂之类的日用品。他自问自己的头脑不比别人差，也不懒惰，一定可以做得很好，可是有一个问题，那就是法布尔的生活自理能力堪忧。自从当了老师以后，他专心致志地教课、研究学问，三餐总是在学校里吃。如果自己开店，日常生活怎么办呢？

1844 年，法布尔与同事玛丽·范亚尔结婚。次年，他的长女艾丽莎贝特出生，不幸第二年夭折。1847 年，法布尔的长子约翰出生。1848 年，法布尔拿到物理学学士学位，长子约翰夭折。法布尔小学教师的生涯一直持续到 1849 年初。

1849 年 1 月，法布尔递出辞呈，转而到科西嘉岛上的阿加库西中学担任物理及化学教师。

这是法布尔第一次到科西嘉岛。他发现岛上有许多他喜爱并且感兴趣的东西，比如那到处生长着的山桃树、乳香树，雪白色的城镇建筑，海边耸立的巨大花岗岩等。

科西嘉岛中部密布着属于橄榄科的乳香树，从山顶一直覆盖到近山麓处，这些地方还未得到开发。漫山遍野淡黄色的乳香花，诱人的香气扑面而来。

大自然瑰丽的景色使得法布尔无法专心研习三角函数，他将自己的时间分出一半来采集植物标本和观察动物。

在这里，法布尔认识了两位有名的博物学家。一位叫鲁基亚，他时常抱着装满灰色纸张的盒子，步行采集植物标本。他和法布尔很快成为好朋友，两人一有空就一起出去。

老实说，鲁基亚不能算是一个学者，只是一个热心的收集家而已，他熟知植物的名称，并能说出它们的分布情形。这方面的能耐，大概没有人有把握赢得了他。不仅如此，他还擅长给植物们适当地分类。法布尔在他身上学到了很多植物学方面的知识，可以说是受益匪浅。

一年后，另外一位博物学家也来到了科西嘉岛，他是莫肯·坦顿。法布尔是通过鲁基亚才认识他的，他们之前就植

科西嘉岛的海岸

物学的有关问题通过信。

这位有名的教授是为了研究科西嘉岛上的植物才到这里来的。当他抵达时，所有旅馆的房间都已经住满了，法布尔邀请他到自己的住处下榻。坦顿欣然答应。

在那间可以俯瞰大海的房间里，法布尔为坦顿搭了一张临时的床，他们的食物是鲽鱼、海胆和玉螺，这份名贵菜单对物产丰饶的科西嘉来说，是很常见的，不过坦顿认为很稀奇，他也很高兴。

莫肯·坦顿不仅是一位偏于记忆力的分类学家，也是一位有渊博思想的杰出的博物学家，更是一位能认清细微事实并加以贯通分析的哲学家，还是一位文学家和诗人，他知道如何用美丽的辞藻来修饰、创新真理。和这样一位具有聪慧才智的人交谈，这种快乐不是时常可以体会的。

坦顿劝法布尔中止研习数学，因为没有人会对数学研究加以注意，与其这样，倒不如做动物或植物方面的研究。他说："我一见到你，就知道你对这方面很有兴趣，你如果朝着这个方向努力，将来一定能在学术界占有一席之地。"他的劝导诚恳而真挚，法布尔接受了他的建议，决定放弃数学。

坦顿离开科西嘉岛的前一天对法布尔说："你现在正在收集贝类，这很好。可是光收集没有多大意义，没有什么比观察动物更为重要，至于应该怎样观察，我现在就做给你看！"

他们找出一把小剪刀，还准备了两根插着葡萄蔓的针，然后坦顿把蜗牛放进装有水的深器皿里，一点一点解剖给法布尔看，同时详细地说明蜗牛躯体的每个部位，并将其绘声绘色地描绘出来。

这是法布尔一生当中仅有的一次经历，也是一次他无法忘怀的博物课程。这之后，法布尔每次观察昆虫时，都一定要用自己亲手制造的手术刀解剖昆虫，看清楚它们的内部构造。

在忙碌的生活中，法布尔突然生病了，那是科西嘉岛上的地方病。发作起来时，病人会感到一阵寒冷，不时发高烧，身体衰弱不堪，类似于贫血症。病痛逼得法布尔不得不提出申请，希望调职他处，并渴望能早一点回到欧洲大陆。

法布尔被允许休病假，他回到阿韦龙省，这段乘船经历让法布尔多年之后仍感到恐惧。那艘船在波涛中飘荡，举步维艰，法布尔几乎以为必死无疑。照一般情况，从科西嘉岛到法国南部港口城市马赛大约仅需 18 个小时，但那艘号称地中海最快的船竟然花了三天两夜才到达。

不久后，法布尔恢复了健康，而且精神焕发，他又回到科西嘉岛，继续他的教师工作。

初步研究心得

当时的法布尔有一个最大的烦恼，那就是维持全家人的生计。他的年薪只有 1600 法郎，比有钱人家的马夫薪水还少。

这与当时的社会现状有关，有钱人舍不得投资教育，他们认为那是无法获得收益的。另一方面，当时的政令法规也限制了教育业的发展。

法布尔依旧一边工作，一边研究自己感兴趣的学科。他读到一本书，那是当时一位杰出的昆虫学家的关于蜜蜂的著作。书中记载了不同种类蜜蜂的外形特点和生活习性，其中并不是单一的介绍性文字，而是配合着昆虫学家自己的探索和研究过程，读起来很有趣。

法布尔不但在这本书中认识了新的昆虫，还学到了昆虫学家的研究方法以及他的一些理论，比如把昆虫放在软木盒子里，标签上写上它们的名字和基本分布等。

法布尔知道采集标本并不是研究动植物学的全部，还要深入了解动植物的构造和它们各部分的功能。

9月中旬正好是观察蜜蜂的好季节，法布尔按照书中的记载开始研究蜜蜂。他的住处附近有好几处蜜蜂聚集地，这为法布尔的观察提供了便利。

这种蜜蜂的蜂巢是它们挖掘出来的洞穴，法布尔在艳阳下观看它们的工作情形，觉得很有意思。掘穴、收集食物都是雌蜂的工作，雄蜂绝不会插手。巢穴完成后，雄蜂就不知飞到哪儿去了，雌蜂则开始攫取一些比较大的象鼻虫。它能举起比自己身重很多倍的猎物，并且毫不费力地将它们拖回巢穴。

法布尔用稻秸秆捅进巢穴想夺走它的猎物，看看它有什么反应。雌蜂飞进飞出寻找了一阵，又出去狩猎，不到几分钟，它又攫到另一只猎物带回来。法布尔再次将猎物夺走，这样的事情他做了八次，然而每一次，雌蜂都会带回新的猎物。到第九次法布尔终于彻底服输了。

雌蜂究竟是怎么攫取象鼻虫的呢？法布尔想把活生生的象鼻虫强塞给正在寻找猎物的雌蜂，看看它有什么反应。

第二天一大早，法布尔就开始寻找象鼻虫，他找遍了所有的地方，无论是附近的葡萄园、苜蓿田、麦田、树篱，还是远处的山石丘，一连三天，法布尔像疯了一般到处找，可是只找到三只象鼻虫。

这种象鼻虫到底在什么地方生活呢？蜜蜂竟能在相同的区域内，在短短的时间里就攫取到数百只人类无法发现的昆虫，动物的本能力量实在惊人！

法布尔通过进一步的观察发现，雌蜂用强而有力的嘴衔住象鼻虫的头部，用前脚压紧对方的躯体，然后弓着尾部以螫插入对方体内，这样在象鼻虫前脚与中脚之间胸部的接缝部位戳上两三次，象鼻虫瞬间就被麻痹了。象鼻虫不像其他动物那样临死之前全身痉挛，它在极短的时间内就不动了。然后，法布尔还看到雌蜂举起尸体翻转过来，将自己的腹部和象鼻虫的腹部贴紧，用脚紧缠着对方的脚，抓起尸体立即飞走。为什么被雌蜂螫到的象鼻虫瞬间就不动了呢？其原因在于蜜蜂的毒液麻痹了象鼻虫的中枢神经。法布尔尝试用尖锐的钢笔尖蘸一点氨水，刺入象鼻虫胸部的接缝部位，结果是相同的。

相关的研究心得后来被法布尔发表，没想到这篇论文竟然获得了法国学士院的实验奖。更令他高兴的是，他收到了帮他点燃这束柴薪的那位昆虫学家的信，信中充满了鼓励和赞扬。他说："希望你继续做更进一步的研究。"

这时候是 1856 年，法布尔 33 岁。

灰色人生的一线光明

人的一生中究竟会发生什么事，实在无法预料。法布尔想起他在师范学校毕业前的第一次化学实验。那时他根本不曾想到将来会以老师的身份上台授课。对于化学这个学科，法布尔一直觉得自己是初学者，不足以教别人。但他确实担任过一段时间的化学老师，那是在卡庞特拉小学时。

后来，法布尔在科西嘉岛任中学教师时，曾受当地政府的邀请，公开讲授化学。

化学是一门非常有趣的学问，法布尔一度醉心于此，然而他一直没有忘记自己的另一个计划，那是他一直渴望实现的计划——在大学里当博物学教授。

有一天督学来到法布尔任职的学校视察，这是一件让人感到非常不愉快的事。法布尔的同事们给这位督学取了一个"鳄鱼"的绰号，大概是因为这位督学在视察时令同事们感到难堪。不可否认，这位督学的确是个令人讨厌的家伙，虽然他可能本性纯良。

那一天，法布尔正在让学生们练习制图，督学出其不意地一个人走进教室。法布尔没有感到惊慌，继续他的课程。

不久，正午的下课钟声响了，学生们全都走出教室，只剩法布尔和督学两个人，这位督学是一位几何学专家，法布尔想让他看看学生们画的毫无缺点的曲线，借以联络感情。

法布尔拿着一份自己最满意的作品给督学看，他很保守地说明了画法，尽量强调这种方法能使学生很快了解定理的含义。然而督学把法布尔的话当成耳边风，马马虎虎看了几眼，就随手丢在桌上。

法布尔有点紧张了，他心想："哎呀，这样完美的几何图他都认为不行，大概要轮到我被鳄鱼咬一口了！"可是，事实并非如此，这位令人胆战的督学态度出奇地平和，他坐在椅子上，和法布尔讨论了一会儿关于图形的问题，然后问了一个出其不意的问题，他问法布尔："你有足够的财产吗？"

法布尔一时不知道怎么回答，只好微微笑了一下。

督学又问了一遍："没关系，不用担心！我只是随便问问。……你有没有足够的财产呢？"

"督学先生，我没有什么财产，我的收入只有学校的微薄薪水。"法布尔不知道他葫芦里卖的是什么药，只好如实答道。

督学皱着眉头，喃喃自语："可惜，的确可惜！"

法布尔更摸不着头脑了。不过这是目前为止的众多上司中唯一一个对法布尔的贫穷有所关怀的人，法布尔反问他为什么问这个问题。

督学说他读过法布尔发表的论文，他认为法布尔这样观察能力杰出、文笔很好，并有着坚强意志的人应该比较适合大学教授这个职位。

法布尔对这位督学坦陈了自己的计划，并且直言自己的学历已经足够了，唯一欠缺的就是经济能力。

贫穷的人是多么可怜！想成为大学教授，财产竟比头脑更成问题，纵使没有优秀的头脑，只要有财产，就可以做大学教授。只要有钱，其他的都是附属品！这是多么不应该出现的社会现象。

督学是位优秀的学者，他很详细地告诉法布尔，大学教授的生活虽然也很清苦，但不至于像法布尔现在这样。这位督学也是从贫苦中过来的人，他向法布尔讲述了他的经历。法布尔怀着非常沉重的心情听完他的叙述，心里有种豁然开朗之感。

"先生，您这一席话点醒了我。我的计划必须暂时搁置下来，我得想想看怎样才能赚到足够当大学教授的钱。"

督学和法布尔由衷地握手之后，离开了学校，以后他们再也没有碰过面。

督学对法布尔这番诚恳的忠告对法布尔产生了一定的影响，当时有一所大学向法布尔抛出了橄榄枝，邀请他担任动物学客座教授，法布尔注意了一下聘书附带合同中的"薪资"一项，的确是很微薄，不足以养活法布尔一家人。于是他当机立断委婉地拒绝了这个职位。

在亚威农一带，茜草染料工业很兴盛，农人把种植的茜草运到工场，工人们将其提取成高纯度的染料，法布尔的一位同事研究过茜草染料，听说有一些成绩。法布尔想以那位同事为先导，深入对茜草的研究。

法布尔想先从茜草根提炼出染料色素，然后制出能直接将棉布染上色的染料。它比当时一般的染料能更轻松地染出鲜艳的色彩。

这是一项能让法布尔获得财富的研究。如果成功了，无疑还会给染布工场带来巨大的便利。不过在这之前，并没有相关的实验可供法布尔借鉴，他如同在黑夜中独自行走一样，摸索着前进。

研究时，也不管合不合逻辑，只要想到了就试着做做，经过了无数次的失败，付出了莫大的耐心和努力，1866年的时候，法布尔终于成功了。他找到了一种既省钱又实用的染色法，纯而浓的染料色素，只要少量就能达到毫无缺点的染色功用。

后来，法布尔的一位朋友的工场开始大规模采用这种染色法，之后又有好几家印花布工场也对法布尔的方法表现出了极大的兴趣。

未来总算有了一丝希望，在法布尔灰色的人生中，仿佛突然渗进了一缕蔷薇色的光芒。

法布尔心想，借这个发明可以积存一点钱财了吧，说不定还可以当大学教授呢！每天被生活所迫的那种忧虑将不复存在，还可以和自己喜欢的昆虫为伍，法布尔对未来又充满了希望。

他不仅在应用化学方面取得了成功，另一件喜悦的事也在等待着他，灰色云层的裂口似乎越来越大，蔷薇色的光芒也越来越明亮。

劳动者的手

事情必须追溯到两年前。

有两位督学来到法布尔任职的中学视察，一位是文科督学，另一位是理科督学。视察完老师们上课的状况和种种资料文件之后,两位督学召集所有老师在校长室做最后的训示，首先由理科督学上台训话。

这位督学当时说了些什么，法布尔已经不记得了，好像有一些无关紧要、不痛不痒的含糊句子。这种例行公事的训话，法布尔已经听过很多次了，他从来不记得。

另一位文科督学的讲话倒是让法布尔耳目一新，他的言语中充满了热情，而且措辞活泼、生动，非常出色，内容也不平凡，没有半点教条的味道，具有深邃的见解。

法布尔欣喜地洗耳恭听，颇受感动。自从他当老师以来，首次遇到这种人物，当他走出校长室时，心里还在想："可惜啊！我是理科老师，不然倒是可以和这位督学接触一下，说不定还会成为好朋友。"

这位督学的名字是维克多·杜卢伊。

两年后的一天，法布尔在实验室里专心研究染料，他的手都染上了颜色，那种颜色好像煮熟的虾一般。忽然出现了一位访客，看到他的脸，法布尔立刻认出来，不错，的确是那位说话令他感动、佩服的督学。

这位从前的杜卢伊督学现在已经是教育部部长了，大家都称呼他为阁下。他很漂亮地完成过难以完成的任务，受到人们的尊敬，他是一位具有勤勉、严谨工作态度的朋友。

部长微笑着说："我这次来亚威农，还有40分钟可以逗留，因此特地到这儿和你一起共度剩余的时间。只有我们两个人，你不用拘谨，也不必客气。"

法布尔简直有些受宠若惊，同时也因为自己仅穿着一件卷了袖子的衬衣以及那双染红得像煮熟的虾子似的双手而感到非常失礼。

不过部长说："不用抱歉！我来看望喜欢劳动的人，对于劳动者而言，身体和工作服上的脏污应该是最符合身份的了！……现在我们来聊点别的吧，你在做什么？"

法布尔简要地将自己正在研究的东西叙述了一下，然后请他看做出来的染料，接着在部长面前将茜草染色法的实验步骤一一操作给他看。

当部长看到法布尔的实验成功时，大吃一惊。同时，他也为法布尔简单的试验装置感到惊讶。他提出要给法布尔一些援助，他问法布尔："你看实验室里还需要什么吗？"

法布尔委婉地拒绝了部长的好意。部长更惊讶了，他未曾见过像法布尔这样什么也不要求的人，以往的研究者总是不断地说"给我这个""给我那个"，他们从不会说"这样就够了"，而法布尔竟然不肯为这样简陋、贫乏的实验室向部长提出任何申请。

法布尔说："我有一个请求，我知道巴黎植物园是阁下管辖的地方，饲养在植物园里的鳄鱼要是死了的话，希望能把它的皮剥给我，我准备在鳄鱼皮内填进稻草，然后挂在这个天花板上，如此装饰的话，我这个实验室看起来就更像魔术师的地窖了！"

部长抬头看了看圆形的天花板，然后忍不住笑了："不错，放上鳄鱼皮的确挺合适的！你是一位化学家，但我知道你还是一位博物学家和昆虫学家，我听说过很多有关你研究昆虫的事迹，可惜我到现在还没看到你的昆虫研究，实在是很遗憾。也只好留待下次了，我现在必须要离开了。怎么样？一起到车站去？我们可以边走边聊。"

两人一边谈着昆虫和茜草的事，一边放慢脚步行走，法布尔心里已经当部长是他的朋友了。

途中，他们碰到一个衣着褴褛的老太婆，她年岁已大，大概是因为田间辛劳，她的腰弯得直不起来。她战战兢兢地伸出手说："请施舍一点吧！"部长掏出皮夹，拿出来两法郎放在老太婆手里。法布尔也想拿出一点钱给她，可是跟平常一样，他的皮夹里空空的没有半分钱。无奈之下，他走到老太婆身边，悄悄地对她窃窃私语；"刚才给你钱的人，你知道是谁吗？他就是教育部部长阁下。"

老太婆大吃一惊，她看看气质出众而又和蔼可亲的部长，再看看手掌上的银币，大概在想："自己是多么幸运，竟能遇见部长阁下！"

老太婆用嘶哑的声音祈祷着："愿神保佑您健康长寿，我真的非常感激您！"

道谢之后，她看着手掌上的银币慢慢地走开了。

法布尔也和那位老太婆一样，由衷地为部长祈福，他认为在一个伸手乞求的乞丐面前，身为部长竟能如此祥和地停下来布施，由此可见他的心地远比部长的头衔更让人崇敬！

到了车站后，发生了意想不到的状况，四周看热闹的人越来越多，早知如此，法布尔就早点和部长分手告别了。可是现在已经没有办法，只好硬着头皮尽可能地保持心平气和的举止！

很多官员督学、教员代表，以及市里的主要人物都不断地拥到车站送行，毫无约束的人群在部长的后面围成半圆形，法布尔紧挨在部长身旁，眼前好像有无数敌人，而亲密的同伴只有他们两个。

所有人好像事先商量过似的，不约而同地向部长表现出恭敬的态度，部长对这种气氛似乎感到很讨厌。

等进到车站里，人群像散会的信徒般虔诚地对部长鞠躬行礼。托了部长的福，法布尔这个平民也沾光不少。他忙把自己那两只染红的手悄悄背到身后，用宽边帽遮住。

等部长庄严隆重的告别辞宣讲完毕，没有人说话时，部长突然抓住法布尔藏在帽下的手，高高地举起来，然后说："请大家看看这双手，这是值得骄傲的、了不起的手！"

法布尔不好意思了，他想挣脱，但是没有成功，人们看到了他那双染成熟虾子般红色的手。

部长接着说："这是神圣劳动者的手！我希望大家的手都能像这样，我认为有这样的手，才能发展贵市最重要的事业。他这双手能做化学实验，能拿钢笔、放大镜、手术刀。诸位一定有很多人不认识他吧，我想利用这个机会向大家介绍一下。"

法布尔有些羞愧，好在火车的汽笛很快就响了，他与部长告别后，急急忙忙地逃离现场。不过这件事一下子就传开了，法布尔第一次体会到和名人相识是多么麻烦！每个人都以为他是个有权力的人，于是纷纷向他提出种种请求：有人想贩卖香烟，有人想为子女申请奖学金，有人希望能多发给自己一点抚恤金……他们认为只要向法布尔请求，一定能够如愿以偿。

可是，事实并没有他们想象的那样简单，因为法布尔不但不是一个有能力帮助别人的人，相反，他尚且需要别人的帮助。

法布尔自尊心强烈，所以才一直不肯寻求其他人的帮助，他跟部长要鳄鱼皮的事情如果传到别人耳朵里，他们一定会说他是一个大笨蛋。

班杜山

1857 年，法布尔又陆续发表了一些论文。1859 年，达尔文在《物种起源》一书中盛赞法布尔是一位"罕见的观察者"。同年，法布尔的次子朱尔出生。1863 年，第三个儿子爱弥尔出生。至此，法布尔的家庭条件更窘迫了。他在亚威农任一家博物馆的馆长。

班杜山是中央高原上的一座山峰，和阿尔卑斯山脉及比利牛斯山脉对峙。从山麓往山峰攀登，随着高度的不同，各种气候带的植物清楚地分布在每一个高度地段，这是一座最适合研究植物的山。山麓生长着许多茂盛的橄榄树和麝香草，它们在地中海强烈阳光的照射下，散发着芳香的气味。一年至少有一半的时间被雪覆盖的山顶上则生长着北国特有的植物。

法布尔攀登这座山很多次了，不过丝毫不觉得厌倦。登山过程中看到的植物就好像从赤道向北旅行所见到的一样。

　　出发时，拨开那长得浓郁芳香的麝香草丛，就好像走在铺着毛毡的低矮屋顶上一般。走了几个小时之后，就可以看到一些叶子对生的虎耳草。山麓上则可以看到一种类似非洲石榴的植物，它们开着红色的花朵，再往上可以看到一种毛茸茸的小罂粟花贴生在小石旁，这种花生长在班杜山的山顶，可是在格陵兰岛等地的冰原上也能看到它们绽开的黄色花朵。

　　1865 年 8 月，当法布尔第 23 次攀登这座山时，同行的伙伴有八人，其中三人的目的是研究植物，另外五人则是纯粹登山游玩。

　　攀爬班杜山并不是一件容易的事，期间还会有危险。这座山的整个形状就好像把石头堆积到两千米高一般。它那白色石灰岩的表面散布着大小不同的黑色岩石块。攀登这座山走的就是大大小小的石堆，即便是最好走的地方，也比铺石子的道路差很多。要抵达山顶，越爬越艰险，路上是绵延不断的石灰岩，以及鱼鳞般的碎石片，脚一踩上去就会粉碎，并发出咔啦咔啦的声响。

　　法布尔一行人到达山脚下时，天已经黑了，他们在一家旅馆里住下。商议好了第二天出发的时间和准备携带的东西之后，大家各自休息。法布尔很疲倦，但却很难入睡。可能是因为外面太嘈杂了。

　　这一天正好是周末，旅馆里满是人们高谈阔论的说话声，以及从撞球台传来的球相互碰撞的声音，还有盘子、碟子的声音和醉汉哼出来的不成调的小曲，更有邻近舞场传来的金属乐器的响声，真是非常嘈杂吵闹！

法布尔就那样整夜睁着眼躺在床上，不知不觉天空已呈现一片鱼肚白，是起床的时候了。起床后他们把食物和器材整理好放在驴背上，向导发出吆喝声，一行人起程了。

植物学界的朋友们沐浴在柔和的朝阳下，一边观察路旁的各类植物，一边慢慢前进。其他目的不同的登山者则一边聊天一边往前走。法布尔肩上挂着一个气压计，手上拿着笔记本和铅笔，走在最后面。

气压计是为了测量植物分布地区的高度才带来的，到达海拔较高、气压较低的地带，大家就喝点朗姆酒提神。越往上攀爬，温度越低，橄榄树、橡树逐渐消失，接着，桑树、胡桃树也看不到了，目光所及只有黄杨树。还有一种草本植物薄荷，它的叶子含有挥发油，放进嘴里，会觉得像触电一般，本地人称它为"驴子的胡椒"。

再往上，他们发现了一汪清泉，涌出的细如游丝般的泉水沿着树根形成的小沟往下流淌。水温大约是摄氏七度，对这些来自温带的人而言，这样的温度非常寒冷。

附近有一片高山草本植物铺成的草坪，那是吃饭和休息的绝佳场所。他们将桌布铺在草坪上，然后从袋中取出食物、饮料。桌布的一边摆了夹着韭菜的羊腿肉、面包等果腹的食物，另一边放着清淡的鸡肉，两者之间放着撒了薄荷末的乳酪。此外还有各种食物。

不一会儿，饿瘪的胃被填满了。最初大家都缄口不言拼命地抢着吃，现在都闲聊起来，你一言我一语的场面显得非常热闹，一点也没有顾虑到明天还有没有这么多东西可吃。大家一边闲聊，一边躺在草地上休息。

一个多小时后，又开始出发。向导老早就带着行李先走了，在森林的边缘好不容易有一条仅仅够驴子通行的小道，向导通过那条小道后，独自往西行去，他准备在海拔一千五百多米处的一个山地小屋等其他人。

大家继续往山顶攀登。好不容易总算到了山顶，南边是他们刚才攀登上来的缓和斜坡，北边则是非常壮观、难得一见的景物，有的地方是绝壁，有的地方是急遽滑陡的阶梯。大家合力搬起一块大石头，把它推到山下，石头翻滚了很久才落至谷底。

法布尔在一块大而平坦的石头下发现了一种蜜蜂，这种蜂在平原也能看见，但数量极少，这里却栖息了好几百只。

为什么会有这么多蜜蜂栖息在一起呢？法布尔试图找出原因，不料天色却暗下来，一场大雨顷刻即至。可是，一位一起来采集植物的朋友拉克乌尔不见了，他一个人离开大部队去找一种珍贵植物。

一行人在了解这一带地理环境的法布尔的带领下，小心谨慎地寻找拉克乌尔。

找了很久也没有一点眉目。法布尔看到浓云密布，再这样下去大家都有危险，于是决定赶往山地小屋。路上，下起了瓢泼大雨，每个人全身都湿漉漉的，衣裤被雨淋透，和皮肤紧贴在一起。

祸不单行，又再次发生了令人伤脑筋的事。法布尔迷路了。他们已经无法判断东南西北，只知道哪边是下坡的路。可是，哪边的路比较好走呢？他们必须选一条不危险而且能下山的路，否则，一旦走错，就会摔到悬崖下粉身碎骨。

有人提出干脆在此地等到雨停了再说。法布尔不同意，因为雨不知道什么时候才能停，山顶的夜晚寒冷异常，要是一直待在这里，说不定有人会被冻死。目前最迫切的问题是找到能够辨别方向的参照物，没有磁铁，没有太阳，拿什么代替呢？法布尔挖空心思努力地想办法。

与一位供职于巴黎植物园的朋友贝尔罗商量之后，法布尔坚定了自己的想法，用风向作为指引。一行人手牵手，法布尔在前面带头，贝尔罗在最后面压阵，就这样，把生命交给上帝，缓缓地前进。

走出十几步之后，法布尔暂时松了一口气，他们平平安安地站在地上，小石块像流水般哗啦哗啦地滚到悬崖下，他们听到这些石块的滚落声，感到心惊胆战。

又走了五六分钟，他们来到一片树林，林子内比山顶更昏暗，不弯下腰都看不到前面人的脚跟。一行人走在这伸手不见五指的树林中，能否走到位于树林深处的山地小屋呢？那是个未知数。

这时法布尔准备用荨麻作为指引道路的标志，因为荨麻一般生长在人类常常往来的道路上，如果能找到荨麻的话，那就和走在路上没有两样了。

法布尔一边走一边挥动着另一只空着的手，只要被针状植物刺到，那就表示找到荨麻了。贝尔罗也竭力地挥动着手，想借由荨麻刺代替眼睛。其他人不太相信这种做法，在法布尔和贝尔罗的共同说服下，他们终于信服了。大家振作精神，终于找到了荨麻，沿着荨麻丛一路走下去，终于到了山地小屋。

拉克乌尔已经到达这里了，他采集植物时看到快下雨了，就马上赶到了山地小屋。向导很幸运地没有遭遇大雨，所以大家的行李还是干的。一行人换了衣服，烤火取暖，总算安全了。

授勋

1866 年，法布尔成功从茜草中提取染料色素后，受聘为亚威农师范学校的物理学教师。1868 年的一天，法布尔收到一封从巴黎寄来的信，信上说要他到教育部部长的办公室去一趟。法布尔以为部长想把他调到更好的学校去，就回了一封信说自己的情况还不错，"请让我保持这种状态研习化学和昆虫吧。"

不久后，他又收到一封信，信上有部长的亲笔签名，信上的口吻有些命令的语气，内容是："……马上起程，不然的话派宪兵前往逮捕。"

只有这样简单几个字，什么原因都没说。法布尔起程前往巴黎，到了教育部部长办公室，部长微笑着郑重其事地递给他一张纸，说："请看这个！当初我想援助你一些化学器材，可是你拒绝了，如今这件事，你该不会拒绝了吧？"

法布尔看着部长手上的文件，原来是要授给他雷自旺·得努尔勋章。一时间法布尔惊讶不已，舌头僵硬，结结巴巴地向部长道谢。

之后的授勋仪式上，部长亲自为法布尔佩戴有着红色缎带的勋章，并嘱咐法布尔拍电报回家将这个好消息与家人分享。法布尔很受感动，因为部长的细心和体贴。

授勋仪式结束后，部长请法布尔到他办公室坐坐。他的办公桌上放着一堆书，那是1867年万国博览会的用书，内容涉及各种科学进步的报道。

部长说："这套书送给你，你一定会感兴趣的，因为其中有一些关于昆虫学的最新研究成果。同时请收下这些钱，这是我给你的旅费，如果还有剩余，请用在研究上吧。"

部长给了法布尔1200法郎，任凭他怎样婉拒，也没有改变部长的想法。

法布尔觉得在这么隆重的仪式中获此殊荣，自己已经感到愧赧，怎么好意思再收下这笔巨额的旅费呢？然而部长却说："一定要收下，如果不收下，我真的要生气了。另外还有一件事，明天你和我一起去觐见皇帝陛下。"

觐见皇帝陛下？法布尔有点想逃走了。

部长又说："想溜是不是？我信上不是说过有宪兵在吗，你到这里时，应该也看见戴熊毛皮帽的军人了吧，他们就是宪兵，想必你也不愿意被宪兵逮捕，所以放弃你刚才的念头，跟我一块儿乘马车到皇宫去吧。"

法布尔还能有什么可说呢？只好照部长的安排做了。

皇宫的接待人员下着短裤、饰银的鞋子，上着咖啡色笔挺的大衣，在法布尔眼中这副打扮有点好笑，就像金龟子披上大衣似的。

接待人员领着他们走进一个房间，房间里早已有二十多个人在等候着，他们都是全法国学术界的代表人物，有探险家、地质学家、植物学家、古文字学家、考古学家、石器收藏家……

过了一会儿，皇帝陛下莅临了。他是法兰西第二帝国的皇帝拿破仑三世。他的穿着很简单，肩上斜披着一条红而宽的缎带作为饰物，体型稍微有点肥胖，脸上满是胡须，眼睛看上去像是惺忪的没睡醒的状态。

皇帝陛下依次走到这些学术界人物面前，由部长一一介绍他们的姓名以及研究的领域，他也和这些人稍微交谈一下。皇帝陛下知识渊博，随着交谈对象的不同不断地变换各种话题，比如北极冰原的冰、撒哈拉沙漠中的植物、甜菜的改良、恺撒的战壕战术……

不久，轮到法布尔了，皇帝陛下问了一些关于昆虫的问题，法布尔一一予以答复。然而因为不习惯，他时常把"陛下"的称呼忘掉，而直呼"你"，显得很失礼。

觐见终于结束了，法布尔觉得身为学者，这是无上光荣的事，但他却不希望有第二次。接着，大家一同行礼告退，在部长的官邸举行餐会。

法布尔坐在部长右边，他对这样的安排有些受宠若惊，也有点为难。部长的左边坐着当时有名的生理学家，法布尔对面坐着部长的儿子。

席间，大家畅所欲言，法布尔很快也抛却了拘谨，和大家一起谈论。

餐会结束后，法布尔决定第二天就离开巴黎，虽然巴黎植物园中有很多他喜欢的植物，但相比之下，他更喜欢原野中的自然博物馆。部长知道挽留不住，便也没有说什么。回到自己家后，法布尔整个人心情开朗起来，精神上也轻松了许多。他准备自由自在地享受自己的研究生活。

法布尔想用自己关于茜草染料色素的发明开一家工厂，等它逐渐发展起来，自己就可以从中获得一些收益，钱财积攒到一定地步，就可以实现自己长久以来想当大学教授的愿望。而在这期间，专心研究昆虫和植物的工作也能够继续进行，总之，一切都充满希望。

然而，事情却没有这般如愿。没过多久，一种茜草染料色素的替代品出现了，它是从煤炭和其他化合物中提取出来的，方法更为简单，代价也更为低廉。

很快地，当地茜草栽培和茜草染色工业全部被摒弃，法布尔的计划和希望也整个付诸东流。

其实法布尔早就预料到人工染料会取代天然的茜草染料，只不过没有想到这一天来得这么突然。无论如何，他的希望算是彻底破灭了，不过，法布尔并没有放弃，他想试着从茜草染料中提炼出更好的墨水。

猫

1870 年，法布尔一家搬家了。1871 年，因为德国与法国之间的战争，法布尔无法按时拿到稿费，一家人的生活更加困窘。1873 年，他被迫辞去鲁基亚博物馆馆长一职。

有些蜜蜂具有识途能力，它能从遥远的地方飞回自己的巢穴。法布尔在第一卷《昆虫记》中曾叙述过这件事，那时他曾收到一封达尔文的来信，其中提到："用蜜蜂做实验时，如果把它装在纸袋里，不停地旋转纸袋，搅乱它的方向感，它还能够再回到原来的巢穴吗？"

这种想法让法布尔大感兴趣，他后来按照达尔文的方式做了很多实验，事实证明，有些蜜蜂确实可以在任何情况下找到自己的巢穴。

法布尔准备写信告诉达尔文他的观察成果，可惜信还没有动笔，达尔文就过世了。这位值得人们尊敬的学者就这样留下宝贵的精神财富后，静悄悄地走了。法布尔感到很伤心。

一般的学术报告都给人刻板艰涩的印象，法布尔则一直致力于用更为活泼、风趣的笔调来撰写报告。他这时候的研究对象不是蜜蜂，而是猫。

将蜜蜂放在袋子里旋转几圈，然后把它扔出去，它不会迷失方向，那么要是猫这种相对大一些的动物呢？如果把猫装入袋子里，一边旋转一边将它带到别处，它还会再回到原来的地方吗？法布尔最初认为它不会回来，好几个知名学者也持这种观点。于是，法布尔开始着手新的研究。

那时候，法布尔一家人还住在亚威农。有一天家人在院子的墙上发现一只猫，它的毛色很不好看，腹部扁扁的，瘦得像洗衣板一样，一副落魄相。它已经饿得发昏，叫不出声来了，法布尔家的孩子们觉得它很可怜，就拿一些面包泡在牛乳里送到墙头上让它吃，它贪婪地吃完后，孩子们又给了它几片面包，看来它已经吃饱了，然后孩子们叫着"咪咪！来……"，但它却毫不理会地跑走，也不知跑到哪儿去了。

几天后，大概它又饿了，依然出现在墙上，孩子们柔和地叫着"咪咪！下来吧！"同时又拿面包浸在牛乳里给它吃。这次它总算跳下来走到孩子们的身边，孩子们欣喜地摸摸它的背，它却只顾吃它的东西，真是一只饿得可怜的猫。

孩子们提议要饲养这只猫，他们准备用干草给它做个窝，还做了很多让这只猫生活得更好的事情。

不久后，这只瘦得可怜的猫完全不像当初的样子了，它的头变得圆而大，脚也粗壮了许多，全身覆盖着浓浓的红茶色的毛，好像一只小豹子似的，孩子们替它取名叫"乔尼"。

之后，又来了一只母的野猫，孩子们决定也饲养它，这样乔尼就有伴了。

这两只猫后来跟着法布尔家辗转迁徙，一家人搬到哪里，它们就跟着迁徙到哪里。之后的数年里，乔尼几乎一直住在法布尔家。

前面我们提到过，法布尔第一次搬家是在 1870 年。搬家之前那位杰出的教育部部长正致力于推广女子教育，举办新学。有关女子教育的问题那时已成为热门话题。

法布尔一向视部长为知己，自然极力推广这种教育事业，他答应负责物理学和博物学课程。

开课那天，就像庆典似的非常热闹，尤其教植物学的时候，附近温室送来了无数花，讲桌四周都站满了人，人群简直要把法布尔淹没了。然而，法布尔那天讲的内容后来却受到一些人的严厉指责。

法布尔对那些年轻的姑娘们讲了空气与水的性质、闪电与打雷的原因、横越大陆或海洋能传递信号的原理、炉火能够燃烧和人们可以呼吸的原因，也向她们说明了种子的萌芽和开花过程。这是科学，现在任何一个受过教育的人都接受并认同，但是当时很多人食古不化地认为世界上的所有事物都是遵照神的意旨发展的。他们就是指责法布尔的那群人。

法布尔的房东就认为新的教育是违背神明旨意的。很多人串通起来控告法布尔，迫使法布尔不得不搬家。

搬家时，猫成了最大的问题，法布尔不忍心它们其中的任何一只沦为流浪猫，那样就太可怜了。无奈之下，只好先带母猫和小猫过去，比较难办的是那两只大公猫，一只是乔尼，另一只是乔尼的儿子，它是一只毫不逊于父亲的壮年公猫。

很幸运地，法布尔的朋友罗利奥医生决定领养一只猫，于是法布尔将乔尼的儿子送给了他。

不料当晚，法布尔一家围坐在一起吃晚饭时，突然从窗外跳进来一只湿漉漉的猫，它的样子很奇怪，似乎很高兴，喉咙里呼噜呼噜地响。仔细一看，原来就是送给罗利奥医生的那只猫。

第二天，法布尔弄明白了整件事情的来龙去脉。原来这只猫在罗利奥医生家被关在一个房间里，它发觉自己变成了俘虏，周围的环境又很陌生，情绪变得十分焦躁，在房里跳来跳去，发了疯似的撕咬一切能触碰到的东西。

罗利奥医生非常害怕，急忙打开窗子，它马上跳出去逃走了，之后不知道经过了多少艰险又回到法布尔家。

从罗利奥医生那儿到法布尔家几乎要横穿亚威农城，这段路程行人和车辆都比较多，长长的街道也极其容易让这只猫迷路，还有淘气的小孩和可怕的狗。更大的障碍物是流经亚威农的河流，河上虽然有几座桥梁，这只猫却尽可能地走捷径，它没有从桥上经过，而是游泳过河，所以才会浑身湿透。

　　对这只如此恋家的猫，法布尔感到非常感动，他决定不管怎样麻烦，也要设法带它一起到新居去。可惜，不幸的是，几天之后，这只猫死在了庭园中的灌木下，死因不明。

　　剩下的公猫就只是乔尼了。搬家那天，乔尼竟不知道跑到哪里去了，法布尔只好拜托搬运工稍后把剩余的行李和乔尼一起送到新居。

　　搬运工运来最后一批行李时，果然帮法布尔把乔尼带来了，可是乔尼好像变成了另外一只猫似的，它浑身的毛蓬起，神情显得很惊慌，口里淌着白沫，张牙舞爪地喘息着。

　　法布尔仔细地观察了一阵，才知道乔尼是受到惊吓了，可是具体的原因却无从查清。此后，乔尼一直没有恢复原来的样子，它不理会法布尔家的孩子们，常常独自待在角落里。不久后，乔尼死在了暖炉的灰烬中。

　　法布尔无法解释乔尼的死因，他猜测可能是衰老和悲伤共同作用的结果，因为无法回到亚威农，所以乔尼觉得悲伤。此后乔尼家族中的老一代逐渐都不在了，只剩下新的后代。

　　法布尔在 1879 年再次搬家时，这些猫又成了棘手的问题，母猫和幼猫可以一齐装进笼内，公猫却需要特别的笼子，否则很难平安无事地带走。

　　这些猫和法布尔全家人一起乘马车迁移。到达新家后，一切正常，没有什么特别的变化，母猫和幼猫从笼子里放出来后，就在新家漫步，在每个房间进进出出，用玫瑰色的鼻子嗅嗅家具，一切都是原有的，椅子、桌子、扶手椅等，只不过是场所不一样罢了。

猫儿们发出奇怪的轻微叫声，好像有种不能理解的情绪，不过，只要稍予安抚，让它们吃点佳肴，也就慢慢安于现状了。

可是，那只公猫却不是如此，它简直发了疯似的，法布尔先把它关在仓库里，任其自由乱跳乱跑，后来觉得它单独一个可能会无聊，于是经常放一只它的同伴进去陪它，猫粮也准备两份。法布尔几乎用尽心思地让它忘记以前的家，

慢慢地，这只猫的情绪似乎平静了很多，法布尔便把他放了出来，可是第二天，这只猫不见了。

法布尔说它一定是回到之前的家里去了，孩子们不相信。最后，法布尔和两个孩子决定一起到旧宅去看看，果然不出所料，它在旧宅的门口晒太阳。

孩子们将猫装在笼子里带回了新家。之后，法布尔又把它关到仓库里，半天放它出来，可是第二天，它又跑回旧宅去了。

法布尔实在没有办法，只好放弃了把它找回来的念头。这只猫最后的命运我们不得而知，不过想必会比较凄凉吧。

故事讲到这里，我们可以知道，猫像蜜蜂一样能够找到自己的家。对已经长大的猫来说，不论多远的路，即便它全然不知道正确的路该怎么走，它也能回到原来的家。这可能是动物的一种本能。至于装在袋子里这件事，并没有人真的做过这种实验，很多学者也只是人云亦云。

为什么大家一致认为猫不能在失去方向感的时候找到自

己的家呢？大概跟自身的体验有关吧。如果把人的眼睛蒙起来，让他转几圈，他肯定马上晕头转向不辨南北。于是大家就认为，把猫装进袋子里，一边旋转一边走，一定也会产生同样的效果。

这种想法不过是把发生在人类身上的现象原原本本地推想到其他动物身上，或者把其他动物身上发生的现象推及到人类。然而人类和其他动物原本就有着截然不同的心灵，因此，上面的推断可以说是完全不合逻辑！

有些人深信把猫装进袋子送走后，它就不会再回来，这种情况偶尔可能会发生，不过那得是刚出生的小猫吧。它们对周围的环境还没有多少认知，即便不装在袋子里、不旋转，它也找不到原来的住处了。而成年后的猫则很难出现这种现象。关于这一点，法布尔曾做过实验，那只猫确实回到了自己的老窝。

法布尔家有一只猫，专会猎取池子里的金鱼。法布尔依照前面所说的方法，把它扔到了很远的地方，可它最后还是回到了原来有金鱼那儿。后来法布尔又试验过好几次，无论将它带到山区或森林，这只已经成年的猫照样能回来。

献给昆虫的一生

观察蜜蜂

　　1870 年离开亚威农之后，法布尔全家搬到了奥兰若。他的住宅刚好在牧场的正中央，是一栋独立房屋，围墙正面有条蜿蜒的羊肠小道，路边长着雏菊。空空旷旷、没有一棵树能够遮蔽烈日或者阻挡凛冽的北风，幸好还有一处矮矮的崖壁，使得围墙的角落不那么寒冷。

　　猫们经常集聚在那个地方，半眯着眼睛午睡，孩子们和家里饲养的狗在一起嬉戏。每到正午最酷热的时候，那些割草的人们也会聚集到那儿吃午餐，或者磨镰刀。

　　在这里，法布尔又开始观察蜜蜂了。这里有一种地蜂，它喜欢静静地工作，虽然这里路旁的情况不佳，可是因为向阳既暖和又没有风，地质适宜，所以每年都能看到这种地蜂在这里筑巢。

　　在路旁筑巢而居的地蜂绝不会搞错自己的门户而走进隔壁的邻家。它们各有其既定的住所，没有进入别的蜂巢的权利，这是一种规则。虽然大家在同一个角落各自筑巢，生活在一块儿，可是彼此之间并不会因为是邻居而产生亲密的关系。

　　法布尔观察了地蜂的这些行动，感到非常惊讶。这种情形其实和人类社会的规则有相同之处。

　　每一只地蜂都有自己的想法和权力，但绝不能损害团体的利益。雌蜂因为自己的幼虫而勤奋地工作，但它们绝没有兴趣饲养别的地蜂的幼虫。所有的蜂共用唯一的入口和通道，通道都在地下，像小树枝般分隔出来，通道上放着每个雌蜂的所有物——蜂蜜。

　　整个蜂巢就好像都市中的住宅楼一样，只有一个入口、一个楼梯，楼梯可以通到每一层楼的各个部分，但每个家庭都是独立的，彼此没有关系地住在一起。

　　地蜂们不断地带回从附近采集到的花粉，然后回到共同出入的洞穴口，通常只有一只或两只同时回来，三只或四只同时抵达洞穴口的概率很小。它们落脚在泥土堆积如丘的入口处，毫不争先恐后、各个依序进入通道内，通道是共同的，大家都有使用的资格和权利。

　　地蜂筑巢的步骤是先选择土地，然后开始建筑巢穴。这时候这个蜂巢的建筑人员都各自做着自己的工作，然后再修筑通道，最后才共同修筑蜂巢的出入口。

　　地蜂绝对不会过流浪的生活，它们都有自己的家，一到黄昏就回到蜂巢，每当下雨或刮风的日子，也一定躲在蜂巢里。

　　地蜂是一种独立的劳动者，不过它们会为了幼蜂在一起生活，这创造出一种类似共同社会的现象，起码表面看是共同社会的形态。这种地蜂大概 5 月上旬就开始工作，雄蜂不协助筑巢，这差不多是每种蜜蜂的共同现象。如果我们在蜂巢附近仔细观察，必定会感到惊讶，因为找不到一只雄蜂的踪迹。

法布尔在筑巢期观察过好几次，这里虽然有无数蜂群，但却找不到一只雄蜂。法布尔还曾拿着捕虫网，找遍了原野，却无功而返。可是一到9月，那些在春天全然不见踪影的雄蜂就会在路边的野花上成群结队嗡嗡地飞着。

雌蜂们一年之中不知要产多少次卵，其中至少有一次会产一只雄蜂吧！那为什么蜂巢附近那么长时间看不到雄蜂呢？为了解开这个谜，法布尔每天都到蜂巢边仔细观察。一个半月之内，蜂巢的入口处都很安静，看不到一只地蜂的踪影。

不过，可以想象，在温暖的蜂巢里，很多小地蜂被孵化出来。到了7月，就可以发现一些稀稀落落的土堆，那是蜂巢中的幼蜂想钻出地面开始活动的证明。

一般来说，在蜂类中，雄蜂比雌蜂较为早熟，因此从蜂巢飞出的时间也较快。为了彻底澄清疑问，观察地蜂第一次飞出地面是最重要的，但与其守株待兔，不如主动出击来得痛快。法布尔决定掘开土堆看看蜂巢里面的情形。他先将大的土块掘开，然后小心翼翼地用双手拨着周围的土，毫无遗漏地调查了一番。

眼前所见是一些已经长成的幼蜂，还有一部分已进入变蛹之前休眠期的幼虫。法布尔将幼虫和蛹移到自己做的人工蜂巢里，等待他们蜕变成地蜂。

在法布尔的想象中，雄蜂和雌蜂的比例应该会随着蜂巢的不同而有所变化。在距离刚才那个蜂巢不远的地方，法布尔又挖到了另一个蜂巢。

在这个蜂巢里，法布尔一共获得 250 只地蜂，其中只有一只是雄蜂，而且还是未蜕变成虫的状态。这只雄蜂还没有完全脱去蛹衣之前就死去了，想不到小家伙会那么虚弱。剩下的 249 只雌蜂都很健康，这只雄蜂难道是偶然的产物吗？那么是不是可以得到这样一个结论——7 月出生的地蜂都是雌蜂。

7 月的第二周，又是地蜂开始活动的时候了，修缮蜂巢、运回食物、产卵等。到 7 月中旬以后，蜂巢再次恢复了宁静。在这期间，法布尔的多次发掘观察使他更确定这个季节看不到一只雄蜂。

一年中温度最高的时候，正是幼虫成长最快的时候，只要一个月，它们就可以进行种种蜕变。

8 月下旬，蜂巢入口处又可以看到蜂群活动的迹象，然而这次的情况和以前完全不同，既可以看到雌蜂，也可以看到雄蜂。

雄蜂穿着黑色制服，腹部肥胖并饰着红圈环，它们那种游移的飞行样子，几乎要与地面摩擦，而且好像很忙碌的样子，从这个入口飞到那个入口，不停地团团转，探望了两三只雌蜂后，又马上回到蜂巢。

在另一个蜂巢，法布尔得到 80 只雄蜂，58 只雌蜂，四比三，雄蜂竟比雌蜂多！像这样再出生一批幼蜂，冬天就到了。到了来年 5 月，地蜂们像去年一样，反复地做前一年中例行的事。

可是，法布尔的这种设想却与事实不一样。9 月间，当太阳照在蜂巢上时，很多雄蜂在不同的蜂巢间飞来飞去，有时从原野飞回来的雌蜂也在蜂巢入口处展开姿态舞一番，可是雄蜂好像无视雌蜂的存在，既不亲近，也不热情地追逐，只是自己不停地飞行，从这个蜂巢飞到那个蜂巢，徘徊不止。

每当雄蜂落在蜂巢入口处时，就表示它中意那个蜂巢，然后进去拜访静静地躲在地下小房间里的雌蜂。地蜂的婚礼也是在地下举行，很多雄蜂在蜂巢四周飞行，就是为了寻找合适的雌蜂。

在同一个蜂巢里住着数只雄蜂的情形也不少，当它们同住一栋大厦时，和其中的雌蜂一样谨守秩序，绝不会争先恐后。当一只要进入而另一只要出来时，这种突然碰头的情况下，它们也不会发生争执，通常想出去的那只雄蜂会稍微靠边一点让出能够并排通行的空间，而对方也会尽可能地往边上靠。同族的雄蜂们能够这样和平相处，真是令人惊讶。

这种地蜂还有一个与其他蜜蜂不同的地方，就是运出阻碍蜂巢通道的土块竟然是雄蜂的工作，真是出人意料，这种情形在其他蜂类那里是无法看到的。

9 月，在晴空烈日下，经常可以看到雄蜂在蜂巢上方盘旋飞翔，一直到看不见太阳的时候，才躲进巢里。婚礼之后，雄蜂便要离开蜂巢，徘徊在花丛间度过残烛般的生命。

到了 10 月，它们仍然继续着同样的生活，然而随着冬天的来临，雌蜂和雄蜂的数量都在一天天地减少。

11 月初，寒冬来临时，蜂巢上空完全趋于平静，法布尔再次掘开地底的蜂巢，躲在其中的只有雌蜂，没有半只雄蜂。

到第二年 2 月，天空开始飘雪，地上被雪覆盖了两个礼拜。这时候杏树已经开花了，它的根部的营养元素经由睡眠中的树干传递到树梢的每个部分，整棵杏树又恢复了生机，看起来非常漂亮，像白缎覆盖着圆屋顶一般。

法布尔很喜爱这种春天醒来时的媚态，纵然有时候，枝头的叶子会被狂风或突如其来的暴雪凌虐，然而春天绽开的笑容仍到处可见。

照例，应该是到原野去观赏杏花的时候了，可是法布尔偶感风寒进而染上肺炎，必须要卧床休息。他觉得自己几乎要死了。他既感觉不到痛苦，也感觉不到舒适，这是生命陷于极度危险的状态吗？法布尔不禁自问。

对于自己日渐衰弱的身体，法布尔是抱有好奇心的，想到抛下家人和年幼的孩子，他竟然一点也不觉得心痛。他在后来的记载中说："我很高兴能到另一个世界去旅行，那个世界一定还有许多我该学习的东西，一定有更高尚、更令人欣慰的事。"

这是 1878 年的事情。前一年，法布尔的次子朱尔意外身亡，他很可能是受到了严重的打击。

第二年，即 1879 年，法布尔一家又离开奥兰若搬到了阿尔马斯。法布尔很喜欢在奥兰若的房子，但房东不知道为什么突然将屋前的整排法国梧桐砍掉，因此他不得不搬家。

这栋房子庭园里所植的一草一木对法布尔

专心写作的法布尔

来说都是很重要的纪念，那是他对已逝的儿子朱尔寄托哀思的媒介。朱尔是个好孩子，他非常喜爱花和昆虫，是法布尔的好帮手。他的眼光敏锐，发现了什么一定会告诉法布尔，任何植物只要经他的手触碰过，即使是闭着眼睛，他也能说出植物的名称。他像盛开的花朵一样可爱，这么聪颖的孩子，竟然被死神早早地带走，法布尔的心情可想而知。

大概就是朱尔去世之后，法布尔开始写《昆虫记》。这本书的创作初衷还是应朱尔的要求呢。法布尔用"朱尔"这个名字的谐音命名了他发现的三种蜜蜂，这让他觉得好像永远和朱尔在一起似的。

在这种心情下，庭园里的梧桐树竟被不解风情的人破坏得惨不忍睹，这怎么能不叫法布尔痛心呢？！法布尔异常任性地吵着要搬家，他与他的蜜蜂朋友打过招呼后，就离开了奥兰若。虽然有些依依不舍，但是法布尔知道他还会碰到很多这样的朋友，他的生命就是为了这些朋友而存在的。

和昆虫的伊甸园

法布尔的新家坐落在一片荒地上，那是法布尔一直梦寐以求的土地，这里长着麝香草，到处都是小石子。因为地处荒凉，因此没有人来这里耕种。初春，意外地下了一场春雨，地上露出一些青翠的小草，好多羊都赶来这里吃草。周围的土地上还生长着矢车菊、蓟草、野草莓、薰衣草等植物，它们的花朵招来很多蜜蜂。

春天，到处可见一片湿润的土地，但是夏天一到，土地就被晒得干涸，似乎只要一根火柴，就可以点燃整个荒原。这个地方就是法布尔往后和昆虫们共同生活的伊甸园了！

搬到这里不久之后，法布尔的病痊愈了。他又可以观察那些昆虫们了。他从未见过这么多蜜蜂，各种种类的蜜蜂齐聚一堂：有捕食猎物的"狩猎蜂"、用黏土筑巢的"水土蜂"、挖空木筑巢的"木工蜂"、掘地而居的"地蜂"，此外还有弹棉花为业、用纸筑巢的"建筑师蜂"……其中有的蜜蜂很大胆，竟敢直接飞进法布尔家中，在门框上、门槛边缘或壁缝间筑巢。法布尔每次回家，都很谨慎小心，避免弄坏它们的巢穴，避免践踏到正在埋头工作的蜜蜂。法布尔已经很久没见过狩猎蜂了，上次见到这种蜜蜂大概是 15 年前，如今它们却住在他家的门槛缝里，成了他的邻居。

还有一种蜜蜂在关闭的窗子上用土做成了坚固的巢，它们很喜欢这个场所，不但安全而且暖和。窗子的内侧稍高一点的地方，住着长脚蜂，它们有时会飞下来看看法布尔放在桌子上的葡萄是否已经成熟。

这里的昆虫太多了，光蜜蜂就有好多种，实在无法一一介绍清楚。我们可以想到，法布尔是多么喜欢这个地方！

庭园不是很广阔，但四周的篱笆阻隔了嘈杂的街道，在庭园中不会受到来往行人的干扰，可以静心地和昆虫们交谈。观察昆虫的生活有别人无法体会到的乐趣，不过路人一度对法布尔的状态有些疑惑，它们也许没见过这么大年纪的人还有闲情逸致看蜜蜂的。后来，连村里的巡查员、执法人员也觉得法布尔是个可疑的人，因为他常常到处逛来逛去，不是挖土，就是在刚铺好的路上装模作样地挖路基。他们可能认为法布尔是个流浪者或者毁坏原野的家伙，甚至当他是个疯子。

有一天，法布尔正趴在地上，注视着地蜂的蜂巢，突然身旁传来一声问话："喂！你在这里干什么？"

村里的巡查员很早就开始注意法布尔了，虽然他费尽口舌做出了种种辩解，但那位巡查员好像并不相信他的话。"不要做傻事啊！这么热的天气，你在这儿只为了看蜜蜂，谁相信啊？我注意你很久了，当心点，下次再让我发现，可就不再原谅你了！"

还有一天，早上太阳还没出来时，法布尔坐在洼地的石头上等着穴蜂出现，有三个采葡萄的妇人经过这里，她们瞥了一眼坐在石头上不知在想什么的男人，同时道了一声"早安"，这个男人也向她们道了一声"早安"。

傍晚时那三个妇人头顶着整笼的葡萄又经过这里，这个男人还坐在石头上，姿势都没有改变，注视着同一地方。三个妇人非常惊讶，为什么这个男人整天静静地坐在这荒僻的地方？她们经过法布尔前面时，其中一个妇人把手指放在嘴前轻声地对另外两个妇人说："这个疯子真可怜！"

这是什么话！法布尔一心一意地研究昆虫，她们竟把他看成身心不健全的疯子，这真是莫大的侮辱！不过，等穴蜂一出来，法布尔就将这件事忘得一干二净了。

回首往事，法布尔致力于动植物学的研究已经三十多年了，这期间，他一直在与穷困的生活坚持不懈地斗争，如今好不容易得到了属于自己和昆虫朋友们的伊甸园。

在这之前，他不知道付出了多少不为人知的辛勤努力。可是，现实总是事与愿违，有了空闲的时间，有了研究场所，甚至不用再为家人的生计操劳，法布尔却觉得可能太迟了。尤其是当他失去了牙齿之后，连甜美的桃子都无法品尝了，他真的感到有点迟了。以前他的愿望宏大而包罗万象，现在他不再想那么多了，他只求好好地做眼前的事，能看这些昆虫一天，就看它们一天。

回顾往昔的青春时期，我没有一件值得回忆的事，也不对将来抱任何期望，因为我的年纪已经到了不计较希望，不计较苦痛的阶段。

想到过去那些全无意义的生活，我只有一点没有改变得以残存下来，那就是我对科学和真理的热爱。

勤劳的蜜蜂啊，有关你们的故事我一定还要多写几页。也不知道我的身体情况是不是还允许。有些朋友指责我把你们的故事搁置了太长时间了，我告诉他们，我绝不会忘掉、厌倦，甚至背弃你们，我一直都是你们的朋友。

有些学者批评法布尔的文章写得不够庄重，他们认为学术论文一定要摆出一副道貌岸然的模样才行。他们认为能够轻松阅读的文字不能蕴涵真理，他们的主张是：难理解的东西才是最值得研究的。

持这种论调的人实在应该跟法布尔一起观察一次昆虫，他们应该看看那些法布尔最亲密的伙伴，让它们来帮法布尔说明，他和它们是多么友好，他是多么艰辛地观察它们的行动，多么小心谨慎地记录他所见到的情形。

它们一定可以齐声为法布尔说话，他的《昆虫记》虽然没有摆出学者的架子——法布尔一直认为那是与内容全无关系的拘泥形式，但是这本书的每一页都是亲自观察后的正确事实，丝毫没有夹杂无关的东西。如果学者们愿意亲自查证，一定会得到跟法布尔书中所述相同的结论。

法布尔的书是为了那些研究专门问题的学者和想了解一般常识的人们而写，同时也为了年轻人的兴趣而写。他希望把研究室中那种呆板的博物学变得有趣，能让年轻人都喜欢它。因此，他才尽可能地用简洁易懂的字句来描述他所观察到的真理。

又见蜜蜂

1881年，法布尔被指定为巴黎学士院的通讯会员。次年，《昆虫记》第二卷出版。1885年，法布尔的妻子玛丽去世。他的三女儿阿莱亚代替母亲处理家中的日常事务。她是一个开朗善良的女孩，和法布尔一样喜欢动植物，父女二人经常一起出去采集标本或观察昆虫。1887年，法布尔再婚，对象是约瑟芬·都提尔。这位新娘当时只有23岁。同年，法布尔成为法国昆虫学会的会员。1888年，约瑟芬生下法布尔的第四个儿子波尔。1890年，他的第五个女儿波丽努出生。1891年，四女儿克蕾尔去世。1893年，法布尔的父亲去世。1894年，法布尔成为法国昆虫学会的荣誉会员。1895年，小女儿安娜诞生。1898年，次女安得蕾去世。1902年，法布尔成为俄罗斯昆虫学会的荣誉会员。1905年，法国学士院颁发吉尼尔奖给法布尔，他还获赠养老金3000法郎。

孩提时代离开故乡，并不觉得多么痛苦，甚至还有些憧憬未知新事物的欢乐气氛。不过随着年龄的增长，对故乡和童年往事的追忆心情就越来越浓烈了。

　　法布尔现在正是如此。令人怀念的故乡、村落在他心中像幻觉般浮现出来，无论多么久远的事情都宛如发生在昨天一样。

　　此时的法布尔只要眼睛一合上，就会马上想起 75 年前的情景，他还清晰地记得自己第一次跑到大石头旁聆听蟾蜍在静谧中发出叫声的情景。往昔的一幕幕浮现在他眼前，那是岁月为他悄悄留下的财富，可惜现在只能靠回忆去触摸了。

　　对于一个上了年纪的人来说，童年时见到的事物尚能清晰地回忆起来，可是要把眼前这一星期所做的事像回忆幼年情景般清楚地想起来，却不是一件容易办到的事。法布尔已经完全想不起来偶然经过的城市是什么样子，但对离开已久的故乡却可以毫不遗漏地说出哪里有他喜爱的蜜蜂，哪里是他曾经采集植物标本的地方。这是一种多么微妙的联系，纵然童年时的村庄已经破败不堪，他依然想要埋骨于此。

　　由人类想到动物，法布尔不禁想到，昆虫对它第一次看到的东西是不是也会保有印象永不消失呢？是不是也会难以忘记它出生时看到的景物？不求奢侈、在简单的条件下漫无计划造巢、群居生活的昆虫是否记得它的出生地呢？它们是否也和人类一样，常常怀念自己的出生地呢？

　　法布尔认为，昆虫也具有这种秉性，它们不但记得种种，而且能分辨出哪里是它们母亲的故居，它们会回到故宅，将其修缮一番，然后在那儿繁衍后代。

造巢、保护和抚养子女是动物们的本能，也是它们最崇高的精神的表现。这说明，它们具有不逊于人类的崇高的舐犊之情。在昆虫的世界，这种母爱的表现也屡见不鲜。

在昆虫的世界中，雌性总是承担了比它自己的生存更重要的绵延种族的任务。蜜蜂是特别能发挥母性本能的一个种族，它们把为子女们准备住所、食物等这些重责大任全担在自己身上。至于其他的昆虫，雌性的工作可能比较简单，大部分在适当地方产了卵后，也就功成身退了。

我们对地蜂的生活情形不太了解，不过没有关系，即便我们从未见过这种蜜蜂，也丝毫不影响我们品味生命的不可思议。法布尔的作品中有很多关于地蜂的描写：

　　大家如果稍有空暇，不妨观察观察地蜂看看，这种昆虫实在值得我们花工夫去观察！

　　它们每年在我住的屋子内选择适当的地方筑巢，我没有一年见不到它们。它们现在正停留在我眼前的地面上，只要耐心观察，它们很快就会激发起你的兴趣，绝不要当场驱走它们。我就住在它们附近，每天可以很方便地拜访它们。这对我而言，可说是天赐的幸运。

　　它们选择坚硬的地面掘穴，因为在这种地方筑巢，几乎不用担心沙土会崩塌。

阿尔马斯的小路是小石子掺杂黏土筑成的，人在上面践踏后，就会变得很坚硬，和别处的土质比起来，地蜂还是喜欢在这儿筑巢。每年春天，它们占领了这儿的小路，绝不是一只两只，而是成群结队，数目经常不一样，有时多达100只。它们在这非常狭窄的范围里，形成一个所谓的部落。它们虽然相互商讨居住场所的选择，但筑巢时却不互相支援。

地蜂喜欢群居生活，这种习性经常让人觉得它们是喜好和平的昆虫。它们只需要些微食物就能满足，同伴间也从不争吵。

其他大的动物常想拥有自己的领域和势力范围，希望把其他同伴驱逐出境，狼就是这种动物。人类似乎更喜欢这种滥用权势的动物，你看他们相互在自己的领土内配置大炮、飞机……或者订什么条约。人们常常嚷着："我的疆界是这边，你的疆界是那边，如果不行的话就发动战争……"

爱好和平的动物们是多么幸福啊！

然而像地蜂一样成群结队地生活在一起究竟有什么好处呢？它们不会团结起来对抗其他敌人，也不在意邻居们的事情，从不相互拜访；自己的不幸由自己承担，别的同类遭到不幸，也不去关怀。在这个成员甚多的部落里，它们只是各自单独生活，各自管理自己的事，绝不超出这个范围。

虽然如此，但它们聚集在一起还是有作用的。蜜蜂是一种辛勤的昆虫，它们的生命极其短暂。每只蜜蜂在群居的过程中都能感受到生机勃勃的工作氛围，之后，它们就会各自奋发，为自己的工作卖力。同时，它们也会对自己的工作成果感到喜悦和真正的满足，这为它们短暂的生命添加了几分价值。这种因果关系促使地蜂聚集在一起生活。

春天诞生的地蜂幼虫大约在6月间才能长成，这些幼蜂们第一次离开自己的家时，它们的心里会有什么感觉呢？可能和人类幼小时的心理一样吧！在它们还白纸一般的记忆中是否会铭刻下永不遗忘的影像？是否如同我一般永远记得幼年时居住的故乡？

地蜂肯定忘不了它们第一次飞行时停憩的草或叶子，以及最初爬到蜂巢入口处前脚爪接触到的石粒。

它们飞离蜂巢后，会到附近的花上采蜜果腹，不久也会自己单独飞到原野间。它们虽然远离蜂巢，可是却不会忘记回去的路径。这种第一次飞行的印象，它们一定会很清晰地记着；当它们回到自己的蜂巢后，会从众多的通道找到自己的家。那儿是它们自己的出生之处，是无法忘怀、令人怀念的家。

初春时，一只雌地蜂在自己挖掘的巢穴内产卵，它一次可以产12只蜂卵，而且全部是雌蜂。地蜂一年内能产两次卵，春天产的仅有雌蜂，夏天产的则雌雄各一半。

如果没有遇到某些灾害，家族的数目没有减少，春天所产的 12 只雌蜂就会组成一个家族，同享平等的权利，承继居住权。

筑巢的雌蜂待全部工作完成后，就在家中等待产卵。等幼蜂们能开始工作时，它就不需要特地去采蜜了，仅承担看守蜂巢的任务，除了家里的劳动者——也就是它的女儿们外，任何蜜蜂都不允许进入。这位小心谨慎的守卫者虽然有时候也会稍微离开岗位，但绝不走远。

我从未看过它离家跑到花上去采蜜，可能是年龄的关系，也可能是因为不用再管蜂巢里的事务，它大概已经不需要进食了吧！或许年轻的劳动者会竭尽所能供养它。无论自己去不去采蜜，反正这只年老的雌蜂不离开蜂巢的确是真的。它目睹着整个家族辛勤地工作着，似乎感到一点欣慰。

不过有的蜂类却视家族中最老的雌蜂为寄生虫，它们都被剥夺了这份欣慰，排除在自己家族之外，变成无依无靠的"老人"。

7 月中旬，蜜蜂的部落正忙碌工作时，任何人都能够分辨出两种不同形状的蜜蜂——年轻的雌蜂和年老的雌蜂。年轻的雌蜂数目多，动作活泼，服装清新，不断地往返于蜂巢和原野的花丛间；而年老的雌蜂色泽暗淡，没精打采、漫无目的地游荡。

这些彷徨无依、无所适从的年老雌蜂们在春天产卵，抚育幼蜂成长后无力工作因而被年轻的雌蜂们讨厌、遗弃，终于被驱逐于家族之外。

它们孤苦伶仃、苟延残喘地离开了已被不孝子女据为己有的蜂巢，一边四处游荡，一边想找另一个家，可是没有蜂巢愿意接纳它。无依无靠的年老雌蜂有时会停在别人家门口，那家的守卫就张牙舞爪地吓唬它，马上把它赶走。

在蜜蜂的世界中，很多年老雌蜂的遭遇都是一样的，挨家挨户被驱逐赶走，日复一日地遭到凌辱，身体逐渐衰弱以至于惨死。当它们身体衰弱无力支撑时，就会被灰色的小蜥蜴攫走，然后被吞噬。

地蜂还有一种敌人，那就是羽虱。它身长不过五厘米，一副白脸，深红色的眼睛，胸部是白灰色，从五排黑点上向后长着刚毛，腹部呈灰色，脚是黑色的。

我的观察场地中有很多这种羽虱，它常在地蜂蜂穴口附近一边晒太阳一边埋伏等待着。当地蜂脚上粘满花粉回来时，它就跟随在后，等地蜂钻进蜂巢，它随即落在入口处躲起来，等地蜂做完工作再出来飞走后，它才采取行动。

羽虱敏捷地钻进空无一蜂的蜂巢里，宛如进自己家一般自然，它选择一间中意而有食物储藏的房间，然后在里面开始产卵。

在地蜂回来之前，它不会受到打扰。因为停留在花上的地蜂等脚上沾满了花粉，胃里填饱了蜜需要花一些时间，于是这个闯空门的恶徒就有充裕的时间干它的勾当，而且它对时间计算得很准确。它能正确地知道地蜂不在的时间，也能推算出地蜂从原野飞回来的时间，这样一来这个恶徒便可从从容容地离开蜂巢了！

这个恶徒并不在意地蜂储存的蜂蜜，也就是说它的目的不是填饱自己的肚子，它如果想要吃蜂蜜，可以飞到花丛中自己去采。它最重要的目的是寻找产卵的地方。

我曾掘出地蜂的花粉团，把它们弄碎了之后，我看到里面有两三只尖嘴的寄生虫，这些寄生虫就是羽虱的幼虫。里边还有和羽虱的幼虫住在一块儿的主人——地蜂的幼虫，它们衰弱，奄奄一息。

这些食量大的羽虱寄生虫虽然没有刻意干扰"屋主"的孩子，但却把它们最好的食物吃光。地蜂的幼虫变得既衰弱又萎靡，隔不多久就死了，等到这些尸体和其他食物混在一块儿时，又成了这些羽虱寄生虫的食物。

地蜂们为了保护自己的孩子免遭灾难，会在一定的时期内用土塞住幼虫所住房间的入口。另外地蜂会在 7 月产卵之前，将蜂巢内做一次大清扫，如果发现羽虱的幼虫，就立刻把它咬得粉身碎骨，扫出巢外。

可是这些寄生虫却有先见之明，它们不会长久居住在地蜂的巢里，为了自身安全起见，只要吃光了食物，它们就会立即舍弃这个难得的家，钻出蜂巢逃走。

如果只有一只地蜂遭到这种灭子之痛，那就不必劳神去管这件事了！因为这对种群的数目增加或减少不会产生太大的影响。然而可悲的是，类似这种鸠占鹊巢、害人骨肉的行为，不断地在生物界的每一个角落进行着，从低等生物到高等生物都有这种情形；努力工作而得到的成果往往被那些好逸恶劳者巧取豪夺，真是令人痛心疾首！

人类更是将这种手段发挥得登峰造极，为了进行大规模的掠夺，他们不惜发动残酷的战争。战争不是解决争端的好办法，人类与动物不同，动物只有本能，人类却有理性。

昆虫音乐会

1907 年，《昆虫记》第十卷发行。1910 年，《昆虫记》受到重视，法布尔终于扬名于世，他得到了很多荣誉和随之而来的金钱。他的生活好了很多，不过他的身体却日渐衰弱。7月，酷热难敌，村子里正在庆祝这个国家的节日，孩子们围在篝火周围跳舞嬉戏，打鼓的人敲出一串有节奏的鼓点，更振奋了人们的情绪。

晚上九点左右，稍微有一点凉风吹来，法布尔伫立在院中的一个角落里，聆听从原野传来的自然界的合奏曲，这比到村里广场上去看焰火、舞蹈，以及去品尝特地准备的酒来庆祝节日更有情趣。这种合奏曲才是具有真正意义的庆祝仪式，因为它是单纯的，是平静的，是美好的。

夜已经很深了，蝉声也停止了。蝉在整个白天一直在光和热中合奏着交响曲，夜晚则要开始休息了。不过，它们的休息经常受到打扰，在法国梧桐浓密的枝叶间，突然会冒出一种如同撕裂绢绸般的短促声响，那是蝉将死的悲鸣。

这时候，螳螂出现了。它是一种个性激烈的夜间"狩猎者"，当喧嚣的音乐会结束后，蝉总是在睡眠中被螳螂捕杀。螳螂扑上蝉身抓住它的腹部，然后在它的腹部咬一个洞。

法布尔住的村子平常一向宁静，在这庆典的日子却势必会闹到互殴、吵架的地步，否则不会罢休，似乎为了充分享受欢乐，势必需要点痛苦来点缀。

法布尔对这种喧嚣置之不理，他静静地聆听那被咬破肚皮的蝉叫出的抗议声。短暂的声响之后，法国梧桐树上的合奏队又开始演奏了，原野上的庆祝会也仍旧继续进行。法布尔在青叶茂密处蝉被虐杀的附近竖起耳朵静听，他听到螳螂的窃窃私语声，那种类似纺车的声音是由于相互摩擦干而薄的膜片所发出来的；不时还有金属质地的尖锐高音，以短促的节奏加入这低沉连续的音调中。这就是螳螂的歌声，低音部分是它的伴奏。

法布尔家附近大约有十只这样的演奏家，它们的合奏中虽然伴有低音部，但却总是让人觉得寂寞没有依靠，它们的声音不高，像法布尔这么大年纪的人很难听得清这么低沉的声音。螳螂也是法布尔的朋友，在他心里，它似乎比蜜蜂更受欢迎。然而它大概无法敌过它的邻居——可爱的铃蛙。只要它在法国梧桐树上鸣起金属音响时，铃蛙就会在梧桐树根部摇起铃声。它是蟾蜍类中体形最小的一种，最喜欢冒险远涉他处。

夕阳的余晖下，法布尔在庭园里漫无目的地徘徊、沉思时，不知和它打过多少次照面。它们时常从法布尔的趾尖逃逸、滚落。法布尔漫步时，无意间碰到了它，它就会急急忙忙地避开，躲进石头底下、土块背面或者草丛中。从惊慌中恢复平静后，它又开始鸣起和以前那样如摇铃般的清脆歌声。

这个庆祝节日的夜晚，大概有 12 只铃蛙争先恐后地在法布尔周围鸣起银铃声。房子前面由花盆围起一道缺口，大部分铃蛙都躲在花盆间的空隙处。每一只都有其特殊的调子，有的低沉，有的高亢，调子短而明朗，余音绕耳！节奏缓和而抑扬的地方宛如大家在做联合祷告，这边一只唱"咯咕"，那边另一只嗓音更好的家伙同唱"咯咕"，第三个家伙是合唱团中的男高音，它附上"咯咕咯"，就这样宛如遇到庆典时村里的钟声一般，不断地反复唱"咯咕咯！咯咕咯！咯咕咯……"

铃蛙的合唱团让法布尔想到了口琴。他六岁时才了解音乐的魅力，对音乐喜欢得不得了。把各种长短不一的薄玻璃片贴在两条绷紧的缎带上，在铁丝的一端戳上一个软木塞充当鼓槌来敲打玻璃片。你可以想象得出，

仔细观察的法布尔

一个全然不懂音乐的孩子，在键盘上乱敲时会发出什么样的声音。铃蛙们的合唱大概跟那种声音差不多。你认为它是首歌，它却根本没有开头和结尾；你把它当作纯粹的音乐欣赏，倒是很令人神往。当我们的耳朵听惯了这种美妙的音乐后，就会产生一种以"美"为第一条件的判断标准。

7月黄昏的歌声中，能和铃蛙的谐调音相比的，只有一种，那就是角枭。它有圆圆的金色眼睛，是种优美的夜间肉食鸟，额上竖着两根羽毛，形成一对"角"，所以叫"角枭"。它的音量很大，叫声就足以充满寂静的夜晚，不过它的声音单调一致，会令人焦躁不安。它常对着月亮，开始歌唱特有的曲子，连续几个小时也不停歇。它很有规则地唱着"啾！啾！啾……"

此时正有一只角枭被村里的庆祝声吵闹，它受到了惊吓，

然后从广场的法国梧桐树上逃离，飞到法布尔家借宿。不久就听到它在旁边的杉树上鸣叫。如果此刻从杉树上俯视，下面正在进行抒情曲大合奏，从螳螂和铃蛙发出的嘈杂交响乐中，再加入深刻而有一定长度的"啾！啾……"

和这些美妙曲调形成对照的是从别处传来的像猫一般的鸣叫声，这是一般的枭。它白天常躲在橄榄树的窟窿里，夜晚就到附近盘旋，最后停留在法布尔家庭园附近的老松树上。松树距离法布尔在的地方稍远，因此枭的叫声听起来稍感柔和。这种像猫一样的鸣叫声不协调地加入了合奏中。

在这些吵吵闹闹的声音中，以螳螂的声音最为微妙，很难听得见。其他团员的声音，法布尔都分辨得出来。昆虫发声依靠的是摩擦的薄膜，而其他鸟类则依靠像风箱一样的肺脏，振动空气而发出声音。

现在回到昆虫的话题上吧！

其中有一种身体很小，发音道具更小，可是唱起小夜曲来，却远驾螳螂之上的昆虫，它身带青白色，显得很纤弱，叫做"意大利蟋蟀"。这是一种抓到手上就会捏碎的脆弱昆虫，以至于人想伸手去捉它时又不自觉地缩回来。这种非常纤弱的昆虫此时正在迷迭香树上奏着乐曲。

这个美妙的音乐家，它的外表像云母片那么光亮、那么宽、那么薄，它的翅膀可以发出不输于蟾蜍的声音。它的技巧更精妙，会让人觉得那是平常听到的黑蟋蟀的声音，不过，它的声音更为优雅，就像小提琴一样。

如果要评选最好的乐师，这个音乐会中的主要团员都可以当选——咏叹调的独奏者是角枭、弹奏鸣曲的是蟾蜍、第一小提琴手是意大利蟋蟀、敲三角铁的是螳螂。

　　法国大革命后，人们深信能创造出一个新的时代，所以大家热烈地庆祝，然而昆虫对人类的事情漠不关心。人类及他们的庆典不管含有什么意义，这种会湮没在时间和潮流中的活动，对昆虫而言根本没有半点关系。它们单独庆祝自己的节日，它们歌颂太阳，歌颂生活的幸福。

　　法布尔认为，世界上的一切都不是长久不变的。我们今天为了某人、某事，为了某种思想，燃放响彻云霄的鞭炮来庆祝，若干年后，还能为同样的人、事、思想，再燃放响彻云霄的鞭炮吗？谁也不能预测未来发生的事，时代的潮流在变迁，有些我们意想不到的变化正在前方等着我们。昨天仍被憎恶的人，可能到了今天就成了深受欢迎的人，大家点燃鞭炮爆出火花庆祝他的功绩，说不定明天，他就变成点燃鞭炮庆祝别人的人。

　　再想一下久远的未来，人类文明层出不穷地进步着，到了某个时期，谁能肯定地说人类不会被过剩的物质文明重担压死。

　　过于热衷权力的人一定无法长命百岁，等他灭亡后，那些铃蛙、角枭、螳螂还会以同样不变的声音歌唱，它们在人类尚未出现前就一直在大地上歌唱着，当我们灭亡后，它们依然在歌颂太阳的光芒！

1912 年，法布尔的第二任妻子约瑟芬去世。1914 年，法布尔的第三个儿子爱弥尔和他的弟弟相继去世。1915 年 5 月，在家人扶持下，法布尔坐在椅子上绕庭园一周，最后一次巡视阿尔马斯。10 月 7 日，他的尿毒症加重。10 月 11 日，法布尔与世长辞。16 日，他被葬在隆里尼墓园，有螳螂、蜗牛等动物前来为他送行。

法布尔的雕像